Mein Problem

Karl Rahner antwortet jungen Menschen

Herder Freiburg · Basel · Wien

SECHSTE AUFLAGE

Umschlagfoto: KNA

Herstellung: Freiburger Graphische Betriebe 1984
ISBN 3-451-19698-0

Inhalt

Ein Wort zuvor

Mit diesem kleinen Buch ist es so: Ein in der Jugendseelsorge einer großen Stadt tätiger Priester veranlaßte diese Briefe an mich. Dabei hat er mich vielleicht, ohne meine Schuld, bei diesen jungen Menschen mehr gelobt und ihnen von mir mehr versprochen, als ich leisten kann. Er brachte mich mit sanfter Gewalt dazu, auf diese Briefe zu antworten oder es wenigstens zu versuchen.

Diese Briefe sind also echt. Was diese jungen Menschen schreiben, erstreckt sich auf das, was sie selber bewegt. Die Briefe werden hier unfrisiert wiedergegeben, und nur da und dort ist etwas ausgelassen, wo dies aus Gründen der Diskretion gegenüber dem Schreiber geboten war. Deshalb sind auch die Namen in der Anrede geändert.

Ich meine, daß solche Briefe in sich selbst und unabhängig von den Antworten, die ich hier gebe, bedeutsam sind. Sie ermöglichen anderen jungen Menschen und auch Seelsorgern, Eltern und Lehrern einen Einblick in das, was Jugendliche heute bewegt. Man sollte deshalb nicht nur bedenken, was ich als Antwort schreibe, sondern auch aus den Briefen an mich selbst etwas zu lernen versuchen. Natürlich sind diese Briefe aus einem bestimmten, begrenzten Milieu des Lebens heraus verfaßt. Ihre Autoren, das ist klar, sind keine jungen Menschen, die hungern, nicht einmal solche, die in die eigentliche Drogenszene verstrickt sind. Es schreiben normale Menschen, deren Probleme ebenso verdienen ernst genommen zu werden wie die von Menschen in extremen Lebenssituationen.

Meine Antworten auf diese Briefe erheben nicht den Anspruch, die Problematik, die sich in den Briefen ausspricht, völlig zu bewältigen. Jugendliche stellen eigentlich immer Fragen, die das ganze und eine Leben, das sie als junge Menschen führen, mit ins Spiel bringen. Solche Fragen können nie voll und ganz beantwortet werden. Das, was hier dazu gesagt wird, ist deswegen begrenzt und unvollständig, wenn es an den Fragen selbst gemessen wird.

Auch weiß ich nicht recht, ob ich der Mentalität dieser jungen Menschen auch nur annähernd gerecht geworden bin. Ich will als Christ antworten. In den Briefen selbst und erst recht in meinen Antworten kommt aber die letzte Tiefe der Botschaft des Christentums nicht wirklich zur Sprache. Dessen bin ich mir durchaus bewußt. Die Briefe bewegen sich nicht ganz, aber doch vorwiegend in menschlichen Dingen und Problemen, die noch im Vorfeld der eigentlichsten Wirklichkeit liegen, die das Christentum in der Offenbarung des lebendigen Gottes in Jesus verkündigt. Aber ich meinte, man müsse mit Jugendlichen auch von solchen Dingen reden, ohne deshalb den Eindruck erwecken zu wollen, ein horizontaler Humanismus sei alles, was wir den jungen Menschen von heute nahezubringen hätten.

Ich habe diese Briefe gerne beantwortet, auch wenn sie zunächst einmal eher außerhalb des Kreises meiner normalen Berufsaufgaben zu liegen scheinen, und habe dabei etwas gelernt. Vielleicht kann das auch ein Leser dieser Briefe erkennen und da und dort aus meinen kurzen Antworten selbst lernen.

Karl Rahner

Wo ist hier das Glück?

Lieber Pater Rahner!

Ich möchte Ihnen etwas über das Glück und Glücklich-Sein schreiben, obwohl ich vielleicht der falsche Mensch bin, um gerade darüber etwas zu sagen. Aber Sie werden es ja sehen.

Ich lebe in guten bürgerlichen Verhältnissen, habe Geschwister und nicht geschiedene Eltern mit Haus und Auto. Also von außen die „gute und glückliche Familie". In dieser Familie, die sich durch fünf intelligente Menschen auszeichnet, ist jetzt ein Familienmitglied anders geworden. Es verfolgt andere Ziele, führt einen Lebenswandel, der sich in der Nacht abspielt, trinkt, raucht, hat einmal die Schule gewechselt und sie jetzt sogar verlassen müssen. Falls Sie es noch nicht wissen: dies ist mein Schatten.

Vater und Mutter machen sich Gedanken, die ich jetzt der Reihe nach aufzähle: In ein Heim? – Nein, lieber nicht, besser – Verbote; weg von zuhause. In eine ganz neue Umgebung weiter weg? – nein, lieber doch nicht, besser – mehr Verbote? ... Dieser erbauliche Kreislauf wiederholte sich innerhalb von zwei Jahren öfters.

In der Schule war dieses Würstchen – die Bezeichnung, die ich überall bekommen habe – bis zur 3. Klasse Vorzugsschüler. Dann wurden die Noten schlechter, die Klei-

dung schlampiger, die Haare verrückter. „Ein typisches Zeichen von Verfall", hieß es immer. Zwei Jahre später wechselte dieses Würstchen die Schule, aber nur für ein Jahr, dann ging es wieder weg, diesmal für immer. Der Grund: „für das Schulklima ungeeignete Aussagen" und „leichtsinniges Stehen am Fensterbrett", heißt es im Bericht des Direktors.

Jetzt ist dieses Würstchen aus der Schule, hat nichts zu tun und schreibt einen Brief über Glück. Dieses magische Wort, das man sucht, das man verehrt und begehrt. Dieses Wort, das mehr Menschen sterben ließ, als es ihnen das Leben zeigte. Auch meine Freunde suchen das Glück. „Freunde" ist gut gesagt. Bin ich in Not, wird keiner helfen, weil keiner helfen kann. Sie stecken selbst zu tief in dieser „glücklichen" Welt. Aber sie suchen das Glück garnicht mehr verzweifelt. Sie legen sich hin, rauchen sich ein oder sniefen Heroin (manchmal schneiden sie auch einen Tripp ein, aber die sind hier schwer zu bekommen) – und warten. „Am besten geht es mir, wenn ich nichts denken kann", sagt einer. Aber sein Glück hat er nicht gefunden, er verzögert nur sein sinnloses Leben.

Ein anderer kommt mindestens alle zwei Wochen ins Krankenhaus, dort pumpen sie ihm den Magen aus, stärken sein Blut und lassen ihn wieder gehen. Sie wissen: er kommt wieder. Und er lacht immer, wenn er wiederkommt. „Da bin ich wieder", sagt er, oft mit dem kleinen Nachsatz „schon wieder", der nach Verwunderung klingt. Er lacht, sein Glück hat er aber nicht gefunden.

Dann schaut man ihnen ins Gesicht und trifft sich mit ihren Augen. Ganz einfach sind sie dann zu verstehen, diese angeblich Gestrandeten, deren Fehler es war, ihre Erkenntnisse nicht mehr auszuhalten. Deren Todesurteil es ist, zu verstehen, daß für sie und für mich noch zu lange keine Chance ist, die andere Richtung einzuschlagen – die vollkommen andere Richtung.

Glück, Glücklich-Sein – ein teuflischer Magnet, der anzieht und herumzerrt, der zerstört durch seine entsetzliche Kraft.

Ich liebe diese meine Leute, weil sie reden ohne zu denken, was es bedeuten könnte. Weil sie einfach und spontan reagieren und weil sie nichts mehr aushalten. Weil sie fertig sind mit ihren Gedanken, nicht, weil sie zu einer Lösung gekommen sind, sondern weil sie es nicht mehr ertragen. Sie wissen darum und sie leben damit, selbstzerstörerisch, mit dem großen Ziel – dem Glück.

Dieses Ziel läßt mich genauso wie sie die Flucht ergreifen; die Flucht vor mir selbst, weil sich die Umgebung entfernt hat. Ich habe mich mit 15 Jahren von zuhause losgesagt und bin mit allen meinen Gefühlen in Beziehungen gegangen. Ich bin in die Liebe geflohen und ich habe sie ausgenützt, um schwach zu sein, ohne es selbst zu merken. Ich habe mich in die Religion gestürzt, um zu erkennen, daß ich das nicht will. Ich habe mich in Alkohol gestürzt, um zu weinen, ohne mich vor mir selbst zu schämen. Ich habe mich in Drogen gestürzt, um leben zu können, ohne denken zu müssen, und ich habe mich wieder herausgezogen, um weiter suchen zu können.

Lieber Pater Rahner, zu alldem habe ich nur eine einzige Frage: Wissen Sie eine Antwort? Wo ist hier das Glück?

Norbert

Lieber Norbert!

Was mich an Deinem Brief auf den ersten Blick bei aller Bestürzung, mit der ich ihn las, am meisten verwunderte, war die Ehrlichkeit, ja die Härte, mit der Du Dich selber geschildert hast. Was hast Du mit Deinen 17 Jahren nicht schon alles erlebt und durchgemacht! Zunächst wäre ich ja versucht, Dich besonders zu loben für Deine bitter-selbstkritische Ehrlichkeit. Aber dann stutze ich wieder und frage mich: Was steckt denn eigentlich dahinter? Wie kann man so mit sich selber umgehen, sich gewissermaßen selber am Kragen packen und schütteln, ja fast beschimpfen? Ist das noch einmal – wer kann es sagen? – ein Trick, um seinem Leben doch noch ein Stück von jenem Glück abzugewinnen, nach dem Du verlangst und jagst?

Weißt Du, ich bin kein Tiefenpsychologe, nicht einmal ein gewöhnlicher Psychologe, und so möchte ich eher diese Frage an Dich stellen, ohne sie selber beantworten zu können. Wenn Du Dich selber so beschimpfst und eigentlich doch die übrigen Menschen Deiner Familie ausdrücklich oder im geheimen lobst, dann offenbar deshalb, weil Du irgendwie doch einen Maßstab anerkennst, ein Ziel als das eigentlich Richtige für Dich wünschst, von dem aus Du dann eben Dich selber in Frage stellst.

Warum gibst Du also nicht unbefangener und auch mutiger zu, daß Du im letzten eben doch anders sein möchtest, als Du bist, anders wünschst leben zu können und zu leben, als Du es tust? Daß Du diese Diskrepanz nicht zu überwinden suchst, daß Du dann wieder merkwürdig eigensinnig und fast stolz auf Deinem eigenen

Lebensstil beharrst und – gib es nur zu! – irgendwie doch auftrumpfst mit Deiner Lebensweise? Kommt das daher, daß Du einfach nicht anders kannst, als so zu leben, wie Du es wirklich tust? Daß Du also – so ähnlich wie einer, der gerne gerade gehen würde, aber eben durch einen Beinbruch hinkt – gar nicht anders kannst und so im Grunde unschuldig bist?

Ich glaube das nicht und hoffe, daß es anders ist.

Oder – ich setze meine Frage fort – ist es so, daß Dir das Glück eines normaleren Lebens, in dem Du so einigermaßen den Forderungen, die Du letztlich doch an Dich stellst, gerecht werden würdest, eben so klein und armselig vorkommen würde, daß Du nicht recht meinst einsehen zu können, warum man dann so „normal" und „vernünftig" leben solle. Wenn dieses bißchen Glück aus einem normalen Lebensstil, dem Deiner Eltern und Geschwister, auch nicht mehr an Glück hergibt, als dieses enttäuschende „Glück", das Du Deinem Leben jetzt abgewinnst, ohne auf es verzichten zu können und dennoch an ihm enttäuscht zu sein?

Ich weiß nicht, ob ich mit dieser Frage Deinem eigentlichen Lebensproblem wirklich näherkomme. Ich will es aber einmal versuchen. Dann müßte ich sagen: Du verlangst zuviel Glück. Was Du verlangst, findest Du nicht in einem normal-bürgerlichen Leben. Du versuchst es deshalb auf andere Art und wirst daher enttäuscht. Wie wäre es, wenn Du diesen überzogenen Anspruch an Glück aufgeben würdest? Du könntest natürlich sofort fragen: Warum soll ich ihn aufgeben? Wer zwingt mich, so könntest Du sagen, nicht so viel vom Leben zu verlangen?

Ich glaube, daß hinter einem solchen Anspruch an Glück ein geheimer, sehr wirksamer, wenngleich Dir nicht bewußter Unglaube steckt. Du sagst zwar, Du glaubst an Gott. Doch stimmt das? Wenn Gott wirklich das letzte und unsagbare, alles erfüllende Glück ist, auf das hin man sich selber wegleben, sich vergessen muß, um das Glück zu erreichen – warum willst Du es hier und jetzt in den kleinen Augenblick hineinzwingen, in dem Du jetzt lebst? Warum kannst Du nicht warten, bis es als die Erfüllung Deines Lebens mit dem Tod kommt? Warum kannst Du nicht nüchtern den Alltag der Pflicht, des Dienstes am Anderen auf Dich nehmen, auch wenn man davon nicht „high" wird, wie durch Drogen oder andere Dinge, durch die man einen Glücksrausch in sich hineinzuzwingen versucht. Ob das nun die Liebe oder die Macht oder sonst ein berauschender Erfolg wäre?

Warum willst Du jetzt von Deinem Leben fordern, daß es entweder die strahlende, berauschende Helle sei oder eben die Nacht schlechthin? Du könntest, wenn Du Deine Eltern und Geschwister anblickst, vielleicht sagen, sie wären im Letzten kümmerliche, mickrige Spießbürger, die mit den billigsten Ansprüchen an ihr Leben herantreten und deswegen schon zufrieden seien, wenn die Wohnung warm und das Essen einigermaßen erträglich, wenn der Verdienst ein bißchen besser ist als der des Herrn Nachbarn, wenn die Pantoffeln warm und bequem sind. Aber Du kannst sie auch anders betrachten, wenn es sich auch schwer sagen läßt, ob diese oder jene Interpretation Deiner Angehörigen zutrifft, weil erst durch das ganze Leben hindurch im Tod herauskommt, welche Interpretation die richtige ist.

Könnte es nicht so sein, daß Deine sich ziemlich spießig-brav zeigenden Angehörigen doch die sind, die nicht jetzt und auf einmal das große Glück des Lebens fordern, sondern die Geduld, die Nüchternheit und Tapferkeit eines Lebens haben, wie jene, die entschlossen einen langen staubigen Weg dahinziehen Tag für Tag. Die nicht danach verlangen, sondern das eigentliche, umfassende Glück, das wirklich ein solches ist, in einer Zukunft erwarten. Menschen, die mutig auf kleine Glückserlebnisse hier und jetzt verzichten können, weil sie durch sogenannte Frustrationen nicht verzweifeln, nicht in Panik geraten im Glauben, sie müßten das Glück erzwingen, und zwar durch solche Exzesse, wie Du sie, um glücklich zu sein, meinst, Dir leisten zu müssen.

Was ich da sage, das scheint sehr abstrakt zu sein und wie eine Predigt zu klingen, wie sie Pfarrer auf den Kanzeln billig und unbefangen halten. Aber vielleicht habe ich doch recht. Wie man jemanden freilich aus einer solchen verkehrten Grundhaltung herausbringen kann, das weiß ich eigentlich nicht. Altmodisch pflegte man zu sagen, das vermöge nur die Gnade Gottes. Das ist richtig, aber vielleicht könntest Du Dich fragen, ob sie Dir nicht doch angeboten sei. Also betend und den schweigenden Gott anrufend Dich fragen, ob nicht das, was man Umkehr und totale Lebensverwandlung nennen könnte, ganz einfach sei. Wenn Du anfingest, hier und jetzt das am ersten Tag eines neuen Lebens zu tun, was Du im Geheimen doch als Deine wirkliche Pflicht erkennst, die nüchterne und bittere, die alltägliche – wenn Du den Mut hättest, die scheinbare Spießigkeit und Langeweile einer solchen Pflicht als das Wahre und langsam auf das wirkliche Glück Sichhinbewegende anzunehmen – wenn Du Dir selber zugeben würdest, daß Du ja im Grunde schon gemerkt hast, daß Dein jetziger Lebensstil doch nicht der richtige ist und daß dieses nicht Zugeben-Wollen, sondern Eigensinnig-darauf-Beharren, nicht Größe und Mut, sondern eine letzte Feigheit bedeutet – wenn Du so nüchtern anfingest, normal zu leben, ohne gleich Sensationen des Glückes zu erwarten, dann wäre der Anfang ohne spektakuläre Erlebnisse vielleicht schon gemacht mit jener Umkehr, nach der Du Dich doch sehnst.

Du fragst mich, wo ist das Glück?

Einmal, etwas extrem formuliert, könnte ich antworten: Ich weiß es nicht. Ich würde (schilt es nicht als theologische Verstiegenheit!) sagen: Für mich ist Gott der Unbegreifliche, das Geheimnis schlechthin, und ich bekenne, daß dieser Gott allein das umfassende und ewige Glück für mich sein kann. Wie sollte ich also wissen, wie mein Glück konkret aussieht? Nein, ich habe es noch nicht, ich habe höchstens eine unsagbar geheimnisvolle Ahnung davon, und darum brauche ich die kleinen Glücke dieses Lebens nicht vergöttern und vergötzen. Ich kann sie auch liegen lassen und verzichten.

Erfüllung der Pflicht, wie sie die Spießbürger spießig von mir fordern und merkwürdigerweise dabei letztlich doch recht haben, ist nur der Mut, weiterzugehen, vorbei an Götzen eines falschen Glücks des Augenblicks. Weiterzugehen auf das Glück zu, das allein diesen Namen verdient.

Herzliche Grüße von Deinem

Karl Rahner

Oft ärgere ich mich über alles

Sehr geehrter Pater Rahner!

Erst vor kurzem hatte ich eine Zeit, in der ich mit mir unzufrieden war und mich unfähig fand, meinen Weg unabhängig von anderen Menschen zu gehen. Ein Außenstehender würde über mich sagen, daß ich solchen und ähnlichen Situationen (in denen ich persönlich angegriffen werde), zum Beispiel in Zeiten der Enttäuschung, der persönlichen Herausforderung und Entscheidung, in eine Unsicherheit, ja mehr noch, in Depression verfalle. Und was für die Lösung meines Problems schwierig ist, das ist meine Reaktion: ich ziehe mich in mich zurück und ärgere mich über meine Mitmenschen.

Konkret: Große Zweifel kommen mir, wenn ich unabhängig von meinen Eltern, vielleicht sogar gegen sie eine Entscheidung fälle. Dazu ist zu sagen, daß ich bald 19 Jahre alt werde, meine Eltern zwar sehr schätze, aber noch „meine Identität suche". Ich breche zuhause in Tränen aus, weil ich die Situation, aber auch mich und mein Verhalten nicht hinnehmen kann und will. Dann beginne ich mich über alles zu ärgern, am meisten über meine Tränen, fühle mich nicht ernst genommen von meiner Umgebung, ziehe mich dann, wie schon gesagt, in mich zurück. „Sie ist schlechter Laune", „sie ist still und unansprechbar" … sind die Reaktionen.

Oft tritt der umgekehrte Fall ein: ich verhalte mich so, als wäre ich guter Laune, könnte auf meine Mitmenschen zugehen, wäre freundlich zu aller Welt. Dann bin ich angenommen, so wie ich bin ... Eine menschliche Reaktion?

Ist eine Maske, ein aufgesetztes Lächeln in einer solchen Situation besser? (Mir würden trotzdem die Worte im Hals stecken bleiben und ich würde mich passiv meiner Rolle hingeben.)

Ist mehr Selbständigkeit und Selbstbestätigung von außen notwendig, damit ich mit meiner Unzufriedenheit fertig werde? Kann ich eine gewisse Sicherheit erlernen, um zum Beispiel auf Aggressivität ruhig reagieren zu können, um mit meiner Reaktion in Einklang zu stehen?

Durch meine schlechten Launen zerstöre ich viel von meinem Leben, von meiner Lebensfreude und – meiner Hoffnung. Es ist sicher Ungeduld mit mir selber („Es muß sich etwas ändern"), die bewirkt, daß ich alles hinwerfe und mich nach außenhin abschließe.

Vielleicht ist auch schuld daran, daß ich bewußt (unbewußt) von meiner Familie weg möchte und noch nicht die richtigen Freunde gefunden habe. Freunde, die mich auch in solchen Situationen „hinnehmen". Aber es scheitert dann wieder in der großen Gruppe, wenn ich meinen Mitmenschen etwas vorspielen muß ...

Ein bißchen hoffnungslos hat mich gestimmt, daß ich daraufgekommen bin, daß mich das Problem (diese – zusammenhängenden – Probleme) schon seit Jahren belastet und mich die Angst vor neuen Tagen der Depression ständig begleitet ...

Ich hoffe, Sie verzeihen mir, daß der Brief umständlich geschrieben ist. Ich habe versucht, ehrlich zu schreiben, bin aber nicht sehr zufrieden mit dem Resultat. Es ist schwierig, das Wichtige zu schreiben – und alles, das wäre zuviel.

Mit herzlichen Grüßen und dankbar für jede Antwort,
Ihre Ulrike

Liebe Ulrike!

Wahrscheinlich müßte ich von Dir noch sehr viel mehr wissen, um wirklich eine sinnvolle Antwort auf Deinen Brief geben zu können. Du suchst, sagst Du, noch Deine Identität. Ich weiß zwar ehrlich gestanden nicht genau, was das eigentlich ist, weil man sich ja selber bis zum Ende seines Lebens nie wirklich ganz kennt und die sogenannte Identität mit sich nur wirklich findet, wenn man sich mit dem Unerkannten in sich, mit all seinen Widersprüchen vertrauensvoll an Gott abgibt, der – wie die Schrift sagt – unser Herz kennt, eigentlich er allein.

Du erzählst von Deinen Widersprüchen in Dir, über die Du dann selbst unglücklich bist. Du weinst und ärgerst Dich über Deine eigenen Tränen; Du willst anerkannt werden und spielst darum anderen etwas vor und bist gleichzeitig dann wieder darüber schlechter Laune. Du setzt, wie Du sagst, Masken auf und das ist Dir dann doch wieder nicht recht, Du suchst nach Selbständigkeit und willst erlangen, daß andere Dich bestätigen. Du willst von der Familie weg und weißt doch nicht recht, wo der Freundeskreis sein könnte, in dem Du Dich aufgenommen empfinden würdest. Dich begleitet dann alle Tage die Angst vor neuen Depressionen.

Was soll man dazu sagen? Früher hat man in der geistlichen Literatur eine solche Gefühlslage Mißtrost genannt. Man hat Regeln aufzustellen versucht, wie man mit einem solchen Mißtrost fertig werden könne. Vielleicht kommen einem solche Regeln altmodisch und vielleicht ein wenig voluntaristisch vor, als ob sie die Voraussetzungen machen würden, man könne so leicht aus seiner eigenen Haut herausfahren und auf Kommando ein anderer Mensch, ein fröhlicher und heiterer, ein Mensch ohne Mißtrost werden. Aber viellleicht sind solche Regeln doch nicht so dumm, wie sie zunächst klingen. Man sollte sich nicht ärgern, wenn man sie hört, sondern sie lieber einmal anzuwenden versuchen, geduldig und beharrlich, und dann einmal sehen und ausprobieren, ob sie nicht doch ganz sinnvoll sind.

Beim heiligen Jakobus steht schon: „Ist einer von euch bedrückt? Dann soll er beten." Hast Du das schon einmal im Ernst probiert? Hast Du Deine Depression einmal vor Gott hingetragen? Mit ihm vertrauensvoll zu reden versucht, selbst wenn es Dir so vorkommt, Du würdest an eine finstere Wand hinreden?

Beim heiligen Ignatius von Loyola wird empfohlen, man solle bei der „Verfinsterung der Seele", bei Unruhe durch die verschiedensten Versuchungen, die zum Unglauben, zur Hoffnungslosigkeit und zur Liebesleere hintreiben, auf jeden Fall in seiner Lebensweise, bei den Normen des Lebens, die man sich selbst gegeben hat, keine Änderungen eintreten lassen. Man solle zu den Entscheidungen stehen, die man früher zu Zeiten des ruhigen und heiteren Gemütes getroffen hat. Ja, Ignatius empfiehlt sogar den Versuch, in solchen Zeiten der Trostlosigkeit (wie er es nennt) erst recht und noch intensiver alle die guten Vorsätze aus der fröhlicheren Zeit auszuführen. Er sagt: „Wer in Trostlosigkeit ist, solle sich bemühen, in Geduld auszuharren und bedenken, daß er bald wieder getröstet sein wird, wenn er allen Fleiß gegen eine solche Trostlosigkeit einsetzt."

Ignatius macht uns auf Gründe solchen Mißtrostes aufmerksam: eine solche Zeit könne die Folge davon sein, daß wir zu Zeiten, in denen es uns eigentlich innerlich ganz gut ging und wir durchaus in religiösen und in menschlichen Dingen hätten fröhlich leben können, uns haben gehen lassen. Es könne auch sein, daß eine solche Zeit die Gelegenheit der Erprobung unserer Treue und Standfestigkeit sei. Es könne auch sein, daß wir in dieser Zeit lernen sollen, daß wir von uns her allein schwach sind und wirklich der Hilfe Gottes und seiner Gnade bedürfen.

Nun, solche Regeln für die Zeit des Mißtrostes bei den Lehrern des geistlichen Lebens in alter Zeit können, wenn wir sie zunächst nur so hören, eher zynisches Lachen, Erbitterung und rasche Ablehnung hervorrufen. Man kann denken, diese alten Herren mit ihrer billigen Lehre der Willensanstrengung hätten leicht reden. Die Gemütslage und innere Verfassung, für die sie so einfache Regeln aufstellen, sei ja gerade so, daß man nicht beten könne, daß man solchen Depressionen hilflos ausgeliefert sei. Aber wenn wir selbstkritisch uns prüfen, dann werden wir auch in solchen Zeiten noch merken können, daß man zwar nicht alles, aber doch einiges tun kann, daß es immer noch verschiedene Weisen, sich zu verhalten, für unsere freie Verantwortung gebe. Daß man nicht einfach schlechthin sich gehen lassen müsse und seine Depression nicht zum billigen Vorwand machen solle, einfach nichts zu tun und sich willenlos ihr zu ergeben.

Eine vielleicht sehr bescheidene, aber doch wirklich vorhandene Möglichkeit gegen den Strom der Depression zu schwimmen, ist immer da; ein wenig beten kann man auch dann noch. Es lassen sich auch andere Möglichkeiten scheinbar profanerer Art nutzen, um sich gegen solche Depressionen zu wehren. Warum soll man nicht in solchen Situationen an andere denken, wie man ihnen vielleicht helfen, ihnen einen Gefallen tun könnte? Warum sollte man sich nicht für andere auch in solchen Zeiten eine nette Aufmerksamkeit ausdenken können? Warum könnte man nicht wenigstens an die Luft gehen und einen Spaziergang machen, anstatt mürrisch und verzweifelt zuhause herumzusitzen? Warum könnte man nicht wenigstens versuchen, solche kleinen nützlichen Tricks zu entdecken, die gerade einem selber zu helfen vermögen? Und warum sollte man nicht auch solche Zeiten der Depression als eine Zeit verstehen und hinnehmen können, von der man ganz genau weiß, daß sie auch nicht immer andauern wird? Warum sollte man nicht in einer depressiven Phase von sich verlangen, daß man seine Umgebung nicht zu sehr darunter leiden läßt?

Ich kenne sehr viele Fälle, wo Leute in solchen depressiven Zeiten durchaus wußten und zugaben, daß sie nun einmal diese Phase durchzustehen haben mit der nüchternen Hoffnung, daß sie nicht ewig dauert und man aus solch finsteren Tunnels unserer Lebensreise eben doch wieder herauskommt. Sie können unter Umständen ziemlich lange anhalten, diese Phasen. Aber wer sich seinen Depressionen nicht einfach ergibt, sondern sie auch noch einmal geschickt und mutig zu domestizieren versucht, sie einzuplanen beginnt in den großen Plan seines Lebens, der wird mit einer solchen Depression doch in einer menschlich und christlich guten Weise fertig.

Aber noch einmal: wahrscheinlich müßte man, um Dir einen guten Ratschlag zu geben, viel genauer wissen oder zu erforschen suchen, wo genau die wirklichen konkreten Gründe Deiner Depressionen liegen. Suche selber noch, das besser und klarer herauszubekommen. Man kann durchaus Patient und Arzt für sich zugleich in solchen Dingen sein. Man kann über sich selber lachen. Man kann sich selber zureden, versuchen, sich nicht zu ernst zu nehmen und mit einem gewissen Scharfblick entdecken, woher diese Depression eigentlich kommt. Vielleicht hat man in irgendeiner Hinsicht eine Enttäuschung erlebt, eine Enttäuschung, die man tapfer schlukken müßte und auch könnte, ohne daß sie Ursache einer Depression wird, die sich auf eine ganze Lebensperiode ausbreitet.

Schau selber zu, warum Du so unter Deinen Stimmungen leidest, und dann brauchst Du wirklich nicht zu verzweifeln. Man kann nicht alles machen, man kann auch aus sich nicht alles machen. Aber man kann doch langsam so werden, daß man – immer im Blick auch auf Gott – sich ertragen kann, ja sogar eine gewisse Freude erreicht an dem, was man ist und was man tut. Du bist noch jung und aus Dir kann nicht nur im Sinne der Spießbürger, sondern auch nach den Maßstäben eines echten Menschentums etwas werden, was zu leben und in die Endgültigkeit Gottes hineinzutragen der Mühe wert ist.

Du schreibst, Du seist dankbar für jede Antwort. Vielleicht ist diese Antwort nicht so, daß sie viel Dankbarkeit verdient. Aber versuch doch einmal, diesen leicht klingenden Ratschlägen mutig einen Sinn abzugewinnen, und dann kommst Du vielleicht doch auf Deinem Lebensweg ein Stück weiter zu dem Ziel, das Du Dir gesetzt hast.

Noch etwas in der Art eines kleinen Nachtrages. Du

sagst, daß Du Dich von Deiner Familie lösen willst. Vielleicht ist das auf die Dauer durchaus ein Weg, der zu Deiner echten Selbstfindung notwendig sein wird, auch wenn man so etwas nicht durch Krach und Revolutionen herbeiführen darf. Ich empfehle Dir, solange Du aus äußeren oder inneren Gründen innerhalb Deiner Familie lebst und Dir dabei (wie man zu sagen pflegt) Deine Angehörigen auf die Nerven gehen, zu versuchen, Dich doch auch für alle Deine Angehörigen, bei jedem in seiner Art, etwas verantwortlich zu fühlen und für sie zu beten versuchen. Es ist merkwürdig, daß, wenn man von anderen nicht so sehr etwas verlangt, sondern erkennt, daß man etwas geben müsse, und das auch zu tun versucht, sich sehr oft das Verhältnis zu diesen anderen grundlegend verändert und leichter wird. Bete ein wenig für Deine Eltern und Geschwister.

Herzlich

Dein Karl Rahner

Weiß Gott im voraus, wenn ich nicht glaube?

Lieber Pater Rahner!

Ich möchte Ihnen einen Brief über ein Thema, das mich sehr beschäftigt, schreiben: es ist das Problem der Vorherbestimmung oder Prädestination.

Schon oft dachte ich darüber nach, wie ich, als Katholik, zu dieser Streitfrage stehe. Bei meinen Überlegungen fand ich nie eine mich befriedigende Antwort auf meine Fragen. Deshalb möchte ich Ihnen nun zuerst meine Gedanken erzählen.

Am wichtigsten erscheint mir die Frage, ob wir Menschen durch die Vorherbestimmung Gottes schon von Anfang an von ihm angenommen oder verworfen sind. Oder entscheiden wir erst später im Leben unsere Einstellung zu Gott? Ich habe schon oft gehört, daß Gott uns nicht zwingt, an ihn zu glauben und ihn zu lieben, sondern daß es uns freigestellt wird, „ja" zu ihm zu sagen. Das würde nun heißen, daß wir Menschen selbst entscheiden können, uns nach freiem Willen auf Gottes Seite zu stellen oder auch nicht.

Mir erscheint dies zwar ganz einleuchtend, aber wenn ich weiter überlege, kommt mir diese Feststellung etwas fraglich vor. Um mich besser verständlich zu machen, will ich als Beispiel Judas nehmen. Im Neuen Testament steht öfter, daß Jesus seinen Leidensweg und die Men-

schen, die ihn verursachen werden, gewußt und gekannt hat. Daraus schließe ich, daß Judas und andere von Gott bestimmt waren, die „Bösen" in Jesu Leben zu spielen.

Hatte Judas also überhaupt eine Chance, ein anderer Mensch zu werden als derjenige, der Christus verraten würde? Haben die Feinde Jesu zu dieser Zeit sich aussuchen können, ob sie für oder gegen Jesus sind?

Nein, eigentlich nicht. Es mußte ein paar Menschen geben, die als Gegner Jesu auftraten, da es ja schon dem Alten Testament zufolge zur Kreuzigung und Auferstehung Christi kommen mußte. Also waren bestimmte Menschen prädestiniert, Feinde Jesu zu sein, weil es sonst auch keine Auferstehung gegeben hätte. Es klingt vielleicht etwas komisch, aber konnten diese nicht genausogut andere Menschen, die für Jesus waren, werden? Ja, kann ich nun wirklich selbst entscheiden, ob ich eine positive oder negative Einstellung zur Person Gottes habe?

Mir kommt es jetzt so vor, als würde es gar nicht viel bedeuten, wenn ich zu der Einsicht komme, daß Gott für mich existiert; denn er hat es ja schon vorher bestimmt, ob ich an ihn glauben werde.

Es heißt doch auch, Gott kennt und liebt uns schon, bevor wir geboren werden. Er weiß, wie wir uns einmal im Leben ihm gegenüber verhalten werden. Kann ich nun selbst noch entscheiden, ob ich zum Herrn „ja" sage?

Ich weiß nicht, ob meine Fragen gerechtfertigt sind. Vielleicht bekomme ich eine ganz einfache Antwort darauf. Mir erschienen diese Fragen sehr wichtig.

Viele liebe Grüße und herzlichen Dank für Ihre Hilfe.

Ihre Christiane

Liebe Christiane!

Dein Brief ist für mich interessant, weil es mich im Grunde genommen freut, daß es auch heute noch Menschen gibt, die sich mit theologischen Fragen beschäftigen, die seit dem Neuen Testament durch Jahrhunderte hindurch viele hohe Geister bedrängt und auch zu heftigen Kontroversen veranlaßt haben.

Du mußt nicht meinen, daß es für Deine Frage eine wirklich durchschaubare Lösung gibt. Überall dort, wo Gott ins Spiel kommt, darf die Antwort gar nicht so sein, daß wir, wenn wir sie hören, mit einem „Aha, jetzt ist die Sache klar" reagieren könnten. Eine solche Antwort wäre sicher falsch, weil wir ja dann mit unserer „Lösung" die Unbegreiflichkeit Gottes, ohne die er gar nicht wirklich Gott wäre, eingefangen und bewältigt hätten. Es kann also nur so sein, daß wir in einem solchen Falle mehrere Sätze sagen müssen, von denen wir einerseits nicht wirklich mit eindeutiger Klarheit behaupten können, daß sie sich widersprechen und so der eine oder andere oder beide Sätze sicher falsch sein müßten, aber auch andererseits die positive Vereinbarkeit dieser Sätze nicht klar verstehen können. Darum werden wir bei Deinem Problem sicher ein solche Reihe von Sätzen haben, die wir alle nicht aufgeben können, obwohl wir ihre positive Vereinbarkeit und Ableitbarkeit aus einem gemeinsamen Prinzip nicht durchschauen.

Darum werden wir als weise Menschen und als gläubige Christen sagen müssen: in meiner Existenz ist Freiheit und Verantwortung gegeben, ich kann mich aus dieser Verantwortung nicht herausstehlen mit der Berufung darauf, Gott habe mich dazu „prädestiniert". Ich darf das nicht sagen, auch wenn ich zugegebenermaßen nicht so ganz genau weiß, an welchem Punkt meines Lebens sich diese meine Verantwortung und Freiheit realisiert. Ich, der Ganze, bin – wenn ich so sagen darf – ich, der sich selber anheimgegeben ist und sich selbst nicht in ein Geflecht von Notwendigkeiten und Zwängen billig auflösen darf, so sehr auch wahr bleibt, daß es in meinem Leben auch solche inneren und äußeren Notwendigkeiten gibt, denen ich unterworfen bleibe.

Nun ein zweiter Satz, den ich, ohne ihn schlechthin mit dem ersten Satz verrechnen zu können, danebenstellen muß, weil es über meine eigene personale Verantwortung hinaus eben den unendlichen, unbegreiflichen Gott gibt. Der zweite (lange) Satz kann so formuliert werden:

Gott weiß auch in seinem unendlichen Wissen die Geschichte meiner Freiheit immer. Sie steht in ihrer Zeitlichkeit stets vor seiner einfachen Ewigkeit (Du siehst, ich suche das Wort „voraus-" zu vermeiden). Dieses Wissen Gottes, das zu seiner einfachen Ewigkeit, zu seinem einfachen „ewigen Jetzt" gehört, hebt meine Freiheit nicht auf. Diese meine Freiheit als eine endliche und doch von mir unabwälzbar zu verantwortende, ist und bleibt umfangen nicht nur von diesem Wissen Gottes, sondern auch von seiner schöpferischen Macht. Meine Freiheit ist von dieser Macht getragen, sowohl in ihren guten Taten als auch in dem Bösen, das wir tun, soweit dieses Böse immer noch eine positive Wirklichkeit ist, die, um zu sein, des schöpferischen Grundes Gottes bedarf. Dadurch sind wir aber nicht prädestiniert im Sinne eines Zwanges und einer solchen Notwendigkeit, die unsere Freiheit aufheben würde. Insofern in unserem Sein und Tun (auch in unserem freien Tun) etwas Wirkliches und so Gutes ist (sogar noch in unseren bösen Taten), müssen wir diese unsere Wirklichkeit und auch sogar die Tat unserer Freiheit noch einmal in Dank an Gott als das Geschenk seiner schöpferischen Macht und auch seiner liebenden Gnade entgegennehmen, weil auch noch einmal meine letzte nicht zurückführbare, mit „mir" identische Wirklichkeit, selbst als freie, sein Geschenk ist. Diese Herkünftigkeit aller meiner Wirklichkeit von Gott hebt aber mich in meiner Wirklichkeit und auch wirklichen Freiheit nicht auf, sondern begründet diese gerade.

Gott und meine Wirklichkeit und Freiheit sind keine Konkurrenten, zwischen denen man gleichsam alles, was ist, verrechnen und verteilen müßte und dürfte. Alles ist von ihm, aber alles, was so von ihm kommt, hat noch einmal in seiner höchsten Spitze die Qualität Gottes selbst (natürlich nur analog), Freiheit und so Liebe sein zu können.

Jetzt habe ich sicher Sätze geschrieben, von denen Du sagen wirst: Ich sehe nicht ein, wie das alles zusammenpaßt. Nun, ich sehe auch nicht ein, wie das alles positiv in einer durchsichtigen Harmonie stehen könnte. Aber als denkender Mensch und als Christ gebe ich zu, daß ich dies alles nicht positiv in seiner Vereinbarkeit einsehen könne und dürfe, sondern diese Sätze in ihrer Pluralität demütig nebeneinander stehen lassen müsse und so gerade anbetend der Unbegreiflichkeit Gottes huldige. In einem gewissen Sinn kann man sagen: nur der Christ bringt es eigentlich fertig, Gott *Gott* sein zu lassen, ihn nicht in das von uns selbst errichtete Koordinatensystem als einen bestimmten Punkt einfangen und fixieren zu wollen. Insofern ich Freiheit erfahre und Verantwortung auf mich nehme als meine, aus der ich mich nicht herausstehlen darf, und insofern ich gleichzeitig auch Gott als die Unbegreiflichkeit meines Daseins erfahre, glaube und annehme, habe ich durchaus genügendes Recht, jeden dieser Sätze zu sagen und aufrechtzuerhalten. Zugleich sehe ich, daß es unrecht wäre, den einen oder den anderen Satz zu verwerfen, weil ich seine Vereinbarkeit mit dem anderen nicht positiv durchschaue. Aber ich habe auch nicht das Recht, in einem letzten intellektuellen Hochmut, aus diesen Sätzen ein letztes System zu machen, das ich selber beherrsche.

Mir will vorkommen, daß auch die christlichen Philosophen und Theologen nicht selten der Gefahr da und dort erlegen sind, diese dem kreatürlichen Denken gesetzten Grenzen zu überschreiten und bezüglich der Vereinbarkeit solcher Sätze mehr wissen zu wollen, als möglich ist. Ich kann in einem solchen kleinen Brief nun nicht darlegen, wo ich solche Grenzüberschreitungen in den verschiedenen christlichen und von der Kirche nicht getadelten Systemen zu sehen meine. Das würde Dich wohl nur langweilen und eigentlich für Dein religiöses Leben überflüssig sein. Ich meine aber, es ist eigentlich wunderbar, wenn man erfährt, daß die Wirklichkeit Gottes und der Welt tiefer und unbegreiflicher ist, als daß sie von uns einfach gedanklich bewältigt werden könnte.

Wahr ist, daß man mit dieser Unbegreiflichkeit Gottes nur fertig wird, wenn man ihn nicht gedanklich zu bewältigen sucht, sondern ihn liebt. Es ist auch da erst recht so, wie in der menschlichen Liebe. Wenn ein Mensch den anderen nur lieben würde in dem, was er von ihm begriffen hat, in dem, worin er den eigenen, von einem selbst gemachten Idealen und Wünschen entspricht, dann hätte man ihn eigentlich gar nicht geliebt. Man muß ihn annehmen, so wie er selber an sich und für sich selber ist. Nur so, in solcher Liebe, gelingt es eigentlich, den anderen in seiner eigensten Wirklichkeit zu finden. So ähnlich ist es auch bei Gott und seiner Unbegreiflichkeit.

Vielleicht wirst Du jetzt sagen, ich hätte alle diese Probleme auch auf die konkreten Fälle der Heils- und Unheilsgeschichte anwenden müssen, etwas sagen sollen über die Feinde Jesu, die unbeschadet ihrer Freiheit und schuldhaften Verantwortung natürlich auch noch einmal von dem größeren Gott in die positiven Heilspläne Gottes eingefügt wurden, ohne daß sie deshalb sich vor Gott rechtfertigen könnten. Es ist wahr, daß Gott auch denen, die ihn suchen und lieben, das Böse menschlicher Freiheit bei anderen zum Heil und zur Gnade ausschlagen lassen kann. Das hat Paulus schon betont, (such selber die Stelle im Römerbrief!) und doch gesagt, daß daraus der Mensch nicht das Recht ableiten dürfe, dieses Böse in Freiheit zu tun, das Gott zum Heile anderer verwendet.

Viele Grüße und herzliche Wünsche! Du darfst Dich selber in Deiner Freiheit als sowohl von Gottes Liebe zur Tat Deiner Freiheit Herausgeforderte erfahren als auch als ein Mensch, der sich und seine eigene und selbst eigentlich nicht verständliche Freiheit noch einmal hoffend und vertrauensvoll der Liebe Gottes anvertraut.

Dein Karl Rahner

Gott danken – bei soviel Elend?

Lieber Pater Rahner!

Ich bin vor allem deshalb besonders stolz darauf, Ihnen schreiben zu dürfen, weil ich gerade in letzter Zeit (d. h. seit ich etwas Anteil am aktuellen kirchlichen Geschehen nehme und mich auch mit theologischen Publikationen beschäftige) von Ihnen und über Sie sehr viel gehört oder gelesen habe und daher auch etwas über ihre Bedeutung für die Kirche und die Christen weiß. Von da her ist es klar, daß ich mich auch sehr über Ihren Besuch und die Messe bei uns gefreut habe. In dem Zusammenhang verbindet mich eigentlich etwas (für mich) Besonderes mit Ihnen: Ich bin nämlich der Jugendliche, dem Sie die Opernkarte geschenkt haben. Ich möchte mich wirklich sehr dafür bedanken!

In unserer Jugend gibt es einen „Sozialen Arbeitskreis", bei dem ich mich voll engagiert habe. Das, was ich dort mache, ist im Prinzip ganz einfach: Ich brauche nichts weiter zu tun, als einen alten, alleinstehenden Menschen im Altersheim zu betreuen, ihn zum Beispiel einmal in der Woche besuchen.

Für mich war diese Begegnung mit alten Menschen eine große Herausforderung, da ich bisher kaum mit Älteren zu tun gehabt habe. (Ich sehe meine Großeltern höchstens dreimal im Jahr, weil sie recht weit weg wohnen.)

Diese Begegnung hat mich auch das ganze Jahr über bewegt und beschäftigt, sie war sehr oft Impuls und Ansatzpunkt für Überlegungen und (noch öfter) für Fragen – mir ist vieles erst so richtig bewußt geworden. Mit recht viel Idealismus (ich wollte diesen Menschen Abwechslung, Unterhaltung, Schwung und Freude bringen) bin ich zum ersten Mal hingegangen. Doch dieser Idealismus ist ziemlich bald gedämpft worden – das ganze Klima, die Atmosphäre dort waren schrecklich niederdrückend. Jeder war so apathisch. Auch wenn ich mich bemüht habe, jemanden anzulachen, bin ich nur teilnahmslos angeschaut worden. Das ganze Altersheim ist eine riesige Massenanstalt und man muß sich dort wie eine Nummer unter viertausend anderen vorkommen.

Seit einem Jahr betreue ich eine gewisse Frau M. Sie geht auf die Achtzig zu, ist seit sechs Jahren im Altersheim und fast ständig nur im Bett, weil sie an den Beinen gelähmt ist. Trotzdem ist sie ihrer ganzen Art nach noch eine der agilsten in ihrem Zimmer. Anfangs war ich immer wieder enttäuscht, wie wenig ihr anscheinend mein Besuch gab. Ihre Reaktion war immer mißtrauisch bis gleichgültig. Aber je länger ich Kontakt mit ihr hatte und je tiefer auch unsere Beziehung wurde, desto mehr kam ich auf etwas anderes: daß sie (und wahrscheinlich auch die meisten anderen) oft angesichts des dortigen Betriebes und auch infolge ihres Alters, vor allem aber wegen ihres oft irrsinnig großen persönlichen Leidens so stark verbittert ist. Diese Verbitterung war auch die Ursache der vielen, oft kindischen Streitereien untereinander, aber auch dafür, daß Patienten, die manchmal bis zu acht Jahren nebeneinander liegen, vor lauter Mißtrauen fast überhaupt nichts mehr miteinander sprechen. Eine Folge die-

ser Verbitterung war eben, daß sie sich nach außenhin oft so schrecklich gleichgültig zeigen.

Am selben Abend gehe ich in einen Gebetskreis. Wir singen viele schöne Lieder von der Nähe und Liebe Gottes, und so viele danken auch für irgend etwas des vergangenen Tages. Ich aber habe große Schwierigkeiten zu danken. Sicher, ich könnte auch für mein Leben danken – mir geht es wirklich gut. Aber wie kann ich wirklich danken, wenn ich dabei ständig an die Frage denken muß, die mir diese (sehr gläubige) alte Frau gestellt hat: „Warum muß ich denn alles das erleiden, wenn ich mich doch mein ganzes Leben lang wirklich bemüht habe, so zu leben, wie Gott es von mir will? Warum läßt mich Gott nicht sterben – ich will ja nur ein Ende von diesem ganzen Leben haben!?"

Einmal habe ich das alles besonders intensiv erlebt: Zwischen Altersheim und Gebetskreis habe ich kurz die Nachrichten angeschaut – ein Erdbeben hat wieder viele Menschenleben gekostet. Nachher konnte ich einfach nicht mehr mitsingen – mir ist das alles wie ein zwar traumhaft schönes, aber enorm unehrliches Wunschbild in einer heilen Scheinwelt vorgekommen.

Lieber Pater Rahner, ich möchte Sie bitten, mir zu helfen, diesen Widerspruch zu überwinden.

Herzliche Grüße

Alexander

Lieber Alexander!

Zunächst finde ich es großartig, daß Du in dieses Altersheim gehst und Erfahrungen über das menschliche Leben und seine Abgründe machst, vor denen sich die meisten Deiner Altersgenossen drücken. Du wirst Dich nicht immer in einem solchen Altersheim einsetzen können, aber jetzt tust Du damit etwas wirklich Christliches und lernst dabei sehr viel für ein christliches Leben, wenn Du einmal erwachsen bist.

Ich kann natürlich nun nicht über die ganze Problematik dieser Altersheime, in denen so viele alte Menschen zusammengepfercht sind, schreiben. Aber gerade wenn solche Zustände eigentlich nicht sein sollten und Du erfährst, daß auch Du sie nicht ändern kannst, dann ist ja Dir gerade die Aufgabe gestellt, zu bedenken und zu erfahren, wie man als Christ mit solchen Unbegreiflichkeiten des Lebens fertig werden kann, die nicht sein sollten und nicht aus der Welt geschafft werden können. Darüber möchte ich jetzt aber nicht schreiben. Wenn Du an das Kreuz Christi denkst, hast Du eigentlich den radikalsten Fall dieses fundamentalen Lebensproblems und auch die einzige Lösung, die realistisch und ehrlich ist und doch einen seligen Ausgang bedeutet.

Du kommst mit vielen alten Menschen in diesem Altersheim in Berührung, die einfach alt, vielleicht auch schuldlos verbittert, die (nüchtern gesagt) mitunter senil sind. Bedenke dabei immer, daß solche Leiden und Bitterkeiten zwar sicher schrecklich sind, aber dann, wo sie mit personaler Schuld nichts mehr zu tun haben (erschrick nicht vor dieser Behauptung), vor Gott harmloser sind und leichter in dem ewigen Leben ihre Lösung finden als das, was wirklich Schuld und Sünde ist und gleichsam selbstverständlich auch in gesunden Tagen getan und hingenommen wird. Die letzten Probleme sind eben doch die der freien Schuld vor Gott (und natürlich auch der *daraus* entspringenden Leiden und Unglücke).

Auch der Christ tut sich schwer, das zu begreifen und ernstzunehmen, aber es ist so. Nun fragst Du mich, wie Gott denn so viel Leid zulassen könne, das Du so handgreiflich auch in diesem Altersheim erfährst. Ich habe einmal einen Aufsatz geschrieben mit der Überschrift „Wie kann Gott uns leiden lassen?". Ich meine, ich dürfe hier in einem kurzen Brief auf diesen Aufsatz verweisen, der Dir nicht unerreichbar ist, wenn Du in Deiner Pfarrei anfragst. Auch in diesem Aufsatz gebe ich auf Deine und einer alten Frau Frage nur die Antwort, daß ich diese Frage nicht beantworten kann, daß sie bei allen berechtigten und sinnvollen Teilantworten letztlich unbeantwortbar ist und sich in dem unbegreiflichen Geheimnis, das Gott selber ist, uns entzieht, so daß die hoffende Annahme dieses unseres Leidens nur die konkrete Weise ist, in der wir liebend den Gott ewiger Unbegreiflichkeit selber annehmen.

Der Mensch ist (ich weiß nicht, ob Du das jetzt schon mit 16 Jahren einigermaßen verstehen kannst) eigentlich das Wesen, das sich mit Geist und Herz nicht mit dem zufriedengeben kann, was er begreift und durchschaut – so schön und herrlich dies auch sein mag. Der Mensch kommt, wenn er darüber hinauszureichen versucht, unweigerlich vor die Unbegreiflichkeit Gottes. Dann ist die Frage, ob er den unwahrscheinlichen Mut einer Liebe aufbringt, die davon überzeugt ist, daß die Liebe zu dem nicht mehr begreiflichen Gott die wahre und letztlich einzige Seligkeit des Menschen ist. Diesen Mut hat er gerade angesichts des Leides in der Welt zu vollbringen, natürlich aus einer Kraft heraus, die nur von Gott kommt.

Wenn Du in diesem Altersheim erfährst, daß diese alten, gequälten, beengt zusammenlebenden Menschen so etwas gar nicht mehr aufbringen – was Dir mit dem Idealismus eines jungen Menschen nicht schwer zu sein scheint –, dann denke daran, daß diese Proteste, Klagen, Auflehnungen, die in diesen Menschen an ihrem Ende gegeben zu sein scheinen, gar nicht wirklich personale Geschehen sind, die diese Menschen vor Gott zu verantworten haben.

Wenn jemand z. B. mit einem glühenden Eisen durchbohrt würde, dann schreit auch der heiligste Mensch nur noch verzweifelt, er kann nicht mehr an Gott denken, er ist einfach verschlungen von der Qual seiner Schmerzen. Seine Liebe zu Gott hat sich in früheren Phasen seines Lebens realisiert; dort, wo dieser Mensch in Freiheit und Selbstbesitz bei sich selber war und sich dem Geheimnis Gottes übergeben hat.

So ähnlich wird es auch oftmals bei diesen alten Leuten sein. Sie können vielleicht kein personales Verhältnis zu Gott in Freiheit realisieren. Wir dürfen aber darauf vertrauen, daß sie dies einmal früher getan haben und diese eigentliche Lebenstat von Gott angenommen worden ist. Wenn ein alter Mensch bis zu seinem Tod noch die innere Helligkeit und Freiheit besitzt – das kommt auch, und durchaus nicht selten vor – sein persönliches Verhältnis zu Gott zu realisieren (wie ich von einem Mitbruder weiß), zu beten „Im Namen des Vaters und des Sohnes und des Hl. Geistes" und mit diesen Worten zu sterben, dann ist das herrlich und eine Gnade Gottes. Aber wenn Du im Altersheim vergrämte und verbitterte Menschen erlebst, die dazu nicht mehr fähig sind, ist das immer noch eine bittere und schwer zu tragende Erfahrung in Deinem Leben – wie alle Erfahrungen unbegreiflichen Leides in der Welt –, aber doch eine Erfahrung, die Dich in einem letzten christlichen Optimismus der Lebensdeutung nicht erschüttern muß. Solche Menschen sind im Grunde genommen schon längst umfangen von einer schweigenden Liebe Gottes.

Alle guten Wünsche für Dich, Dein Tun in dem Altersheim und in der Gemeinde,

Dein Karl Rahner

Mein größter Widerhaken ist das Gebet

Lieber Pater Rahner!

Täglich stellen sich mir Fragen, die oft ungelöst bleiben, teils aus Faulheit, darüber nachzudenken, doch zum größten Teil deshalb, weil ich allein keine Antwort geben kann. Mein größter Widerhaken ist das Gebet, das Gespräch mit dem lieben Gott. Es ist sicher nicht genug, nur nach den Forderungen und Wünschen, streng gesagt: nach den Geboten Gottes zu handeln. Das Gebet für andere Menschen, für mich selbst und überhaupt für das Leben ist sicher sehr wichtig. Aber meist schaffe ich es nicht, mich vom täglichen Alltagstrott, von den vielen Mini- und Maxisorgen abzuwenden und mit Gott zu sprechen. Erschreckend, wie ich beim Abendgebet immer auf andere Gedanken komme, abgelenkt werde, so daß sich das Gebet manchmal bis zu einer halben Stunde ausdehnt. Davon opfere ich vielleicht zehn Minuten wirklich dem Herrn. Entmutigend ist für mich, daß ich schon viele Änderungen versucht habe – so zum Beispiel nur kürzere Gebete zu beten, etwa nur ein Vaterunser oder so. Aber bald war die Laxheit wieder größer als der Idealismus, und heute ist es wieder so wie früher.

Natürlich bin ich dem lieben Gott dankbar für die vielen Dinge, die er mir und allen anderen geschenkt hat und immer wieder schenkt. Tagsüber denke ich oft dank-

bar an ihn, aber sobald ich mir einmal Zeit nehme, um zu beten, oder wenn ich in einer kühlen Kirche sitze, halte ich wohl in großer Dankbarkeit über meine Beziehung zu Gott inne, aber sobald ich beten will, verliere ich mich in Worte, die bedeutungslos sind. Zum Beispiel sage ich oft einfach unbewußt: „Lieber Gott, hilf mir!", obwohl eigentlich alles in Ordnung ist. Ich weiß nicht, ob der liebe Gott mit meinen Gebeten zufrieden ist. Ich bin auch sicher, es könnte besser gehen – aber wie? Wie kann ich Laxheit, Faulheit und Inkonsequenz bekämpfen? Wie kann ich ‚beten' lernen?

Ich stelle mir schon vor, daß für Gott das Gebet unheimlich wichtig ist. In jeder Freundschaft zählt das persönliche Gespräch fast am meisten. Gerade deshalb ist es für mich so deprimierend, nicht richtig beten zu können. Aber in meinem Inneren hoffe und vertraue ich auf Gott, daß es irgendwann einmal eine ‚Erleuchtung' für mich geben wird.

Viele, viele dankbare Grüße

Günther

Lieber Günther!

Eigentlich ist, was Du von Dir und Deinem Gebetsleben schreibst, wunderbar und verlangt gar nicht so arg die kritische Verurteilung, die Du über Dich und Dein Beten ergehen läßt. Du betest ja. Ob das ein Vaterunser ist oder ein langes Gebet, dieser Unterschied ist nicht so wichtig. Auch wenn man einfach sagt: „Lieber Gott, hilf mir!" – ist das schon herrlich. Man braucht dabei nicht einmal recht zu wissen, womit einem Gott nun helfen soll, wenn doch alles in Ordnung ist. Und wenn dem eigentlichen Gebet eine längere Zeit des Nachdenkens vorausgeht, wo Du mit Dir selbst beschäftigt bist, dann passiert eigentlich nur das, was die Lehrer des geistigen Lebens für eine Betrachtung empfehlen. Man denkt darin zunächst über Gott, seine eigenen Pflichten und Aufgaben, Sorgen und Nöte nach, und dieses Nachdenken mündet dann nur langsam in ein eigentliches Gebet. Mit alldem sage ich natürlich nicht, daß Du nicht noch viel besser beten lernen könntest. Natürlich kannst Du und mußt Du das. Niemand ist, solange er lebt und sein Leben noch nicht in den ewigen Lobpreis Gottes von Angesicht zu Angesicht eingemündet ist, mit dem Beten schon bei seiner höchsten und vollkommensten Weise angekommen. Wir bleiben immer Lehrlinge darin.

Es gibt viele Methoden, wie man langsam besser beten lernen kann, weil das Gebet, so sehr es Gottes Gabe und Gnade ist, eben doch auch menschlich psychologische Voraussetzungen hat, die man beachten muß, wenn man wirklich beten will. So wie man in anderen geistigen Dingen erst langsam Konzentration, Intensität der Zuwendung zu solchen Wirklichkeiten lernen muß, so ist es natürlich auch mit der „Sammlung" beim Beten. Man muß dabei einerseits wirklich Abstand gewinnen von dem oberflächlichen Vielerlei seines Lebens und muß auf der anderen Seite eben doch auch gerade lernen, diese Vielfalt von Gedanken, Aufgaben, Sorgen, Enttäuschungen, Freuden usw. auf Gott hin mitzunehmen und sie da gewissermaßen zu „versammeln".

Darüberhinaus gibt es viele einzelne „Tricks", im guten Sinne gemeint, um leichter und besser zu beten. In dem Exerzitienbuch des heiligen Ignatius sind solche aufgezählt. Lies dort selber nach! Versuch einmal, bei den einzelnen Worten eines von Dir auswendig gekannten Gebetes nachdenklich zu verweilen, den Inhalt solcher einzelnen Worte Dir zu verdeutlichen, zu entfalten. Solches meditative Nachdenken sollte natürlich dann auch wieder in einem eigentlichen Gebet auf Gott hin münden. So verrückt das vielleicht heute klingen mag, würde ich doch empfehlen, einmal zu versuchen, einen Rosenkranz zu beten, für Dich allein. Die ruhige, gelassen gesprochene Folge derselben Worte und ein Blick auf die darin angerufenen Mysterien des Lebens Jesu können, wenn man dabei nicht ungeduldig wird und so etwas auch langsam einzuüben versucht, jene eigentliche Stille in einem hervorrufen, in der man vor Gott weilt.

Schließlich wissen die Lehrer des geistlichen Lebens sehr wohl, daß es beim eigentlichen Gebet nicht letztlich auf die Fülle differenziert dem lieben Gott vorgetragener Gedanken ankommt, im allerletzten sogar nicht einmal auf die Vielfalt von Bitten und Wünschen, mit denen man Gott gewissermaßen zu beschäftigen sucht (auch wenn für uns und nicht eigentlich für Gott „das Gebet unheimlich wichtig ist"), sondern auf eine gesammelte Stille (darf man sogar sagen: Leere?), in der der ganze Mensch sich selber vertrauend, liebend dem stillen Geheimnis Gottes anvertraut. So wie man Skifahren letztlich nicht durch theoretische Vorträge lernen kann, sondern skifahren muß, um Skifahren zu lernen. So wie man das immer wieder aufs Neue beginnen muß, auch wenn man dabei zuerst hinfällt und wieder aufstehen muß, so ist es auch beim Beten. Beten kann man nur durch Beten lernen.

Es ist aus Deinem Brief sehr deutlich, daß Du betest. Gib es nicht auf. Fang immer wieder an! Du hast angefangen und mit Geduld wirst Du es immer besser lernen. Wenn man die immer wieder neuen Erfahrungen seines Lebens sich selber immer wieder richtig interpretiert, dann geben diese neuen Erfahrungen auch immer Anlaß, auf eine neue, bisher nicht gekannte Weise betend vor Gott zu treten. Das Neue des Lebens mitzunehmen vor Gott, gleichgültig, ob das selige oder schreckliche Erfahrungen, greifbarer Segen oder auch bittere Enttäuschung über sich selbst sind. So kann eigentlich dann alles im Leben zum Gebet werden, betend lernt man beten.

Du schickst mir ja immer Eure Jugendzeitschrift. Es ist großartig, daß Du so selbstlos und arbeitswillig Dich in den Dienst Deiner Gruppe stellst. Trage die Anliegen und Nöte, die in dieser Zeitschrift sich anmelden, auch im Gebet vor Gott und dabei kannst Du sogar auch einmal an den denken, der diesen Brief geschrieben hat.

Mit herzlichen Grüßen

Karl Rahner

Wenn das tägliche Leben zur Qual wird

Lieber Pater Rahner!

Zuerst einmal möchte ich Ihnen ganz herzlich danken für die Möglichkeit, daß ich Ihnen schreiben darf. Das hat mich ein wenig glücklich gemacht, da ich schon sehr viel von Ihnen gehört habe. Nun schreibe ich Ihnen einfach, wie es bei mir steht.

Meine momentane Situation ist denkbar schlecht. Warum, weiß ich selber nicht so genau. Jedenfalls denke ich oft über den Tod nach. Und wenn ich ehrlich bin, macht es mir Spaß, daran zu denken. Ich habe keine Angst vor ihm, sondern ich bin sehr neugierig. Vielleicht kommt meine Einstellung daher, daß ich sehr viel Hermann Hesse lese. Seine ganze Schwermut und Traurigkeit legt er als etwas ganz Positives aus.

Die Ferien sind gerade vorbei. Ich lebe im Augenblick nur noch von Erinnerungen und sitze noch tiefer in der Scheiße als vor den Ferien. Die Sauferei ist noch schlimmer, weil man nichts zu tun hat und weil die Klassenkameraden dazu animieren. Ich halt' das nicht mehr lange aus; dann passiert etwas.

Mit meinen Eltern habe ich mich total verkracht und der einzige Mensch, der mir geblieben ist, ist N. Bisher haben wir uns jedes Wochenende gesehen. Aber ihre Eltern sind so gemein. Sie lassen N. nur bis 21 Uhr raus und meinten, daß jede Woche sie zu besuchen, doch zu viel wäre. Wenn die wüßten, was sie damit anrichten. Und N. ist eben auf ihre Eltern angewiesen. Sie muß gehorchen. Da soll man nicht verzweifeln und zweifeln!

Wofür macht man all das mit? Wofür? Für mich ist das tägliche Leben zu einer Qual geworden. Die Sehnsucht nach Geborgenheit, und Liebe wird in dieser Welt von allen Seiten rigoros unterdrückt und verhindert.

Sie leben für Ihren Glauben, und ich bewundere Sie und beneide Sie darum. Es tut mir leid, ich habe diesen Glauben noch nicht gefunden, obwohl ich mich aktiv darum bemühe. Ich zweifle an allem, besonders an mir. Ich lebe mit Träumen und nicht mit der Wahrheit. Ich weiß, daß ich ein Idealist auf humaner Ebene bin. Aber soll ich die Ideale fallen lassen, nur weil die Wirklichkeit mich etwas anderes lehrt? Nein, eher gehe ich an meinen Idealen zugrunde, als sie aufzugeben.

Sie müssen wissen, daß sich letzte Woche ein Klassenkamerad, den ich sehr gern hatte und mit dem ich mich gut verstand, erschossen hat. Seither bin ich entsetzlich deprimiert. Oftmals haben wir beide über den Selbstmord gesprochen und darüber diskutiert. Und nun, nun hat er es vollbracht. Bei seinem Begräbnis habe ich geweint wie ein kleines Kind. Aber vielleicht fühlt er sich jetzt wohl und ist wohl auch besser dran als vorher.

Glauben Sie mir, Pater, als ich davon erfahren habe, hatte ich keinen anderen Gedanken als dasselbe zu tun. Aber es gibt noch jemanden, vielleicht den einzigen Menschen, den ich echt liebe. Es jetzt zu tun, das wäre gemein. Aber in solchen Momenten ist sich eben jeder selbst der Nächste. Ich hatte mir schon einmal überlegt, ob ich nicht Schluß machen sollte mit N., um „freie Bahn zu haben".

Sie werden mich wohl kaum verstehen. Ich weiß auch nicht, ob ich Ihnen das alles hätte schreiben sollen. Aber ich bitte Sie doch, versuchen Sie mich und meine Einstellung zu verstehen. So warte ich auf eine Antwort.

Danke für Ihre Mühe und herzliche Grüße

Robert

Lieber Robert!

Ich muß Dir zunächst sagen, daß ich Deinen Brief lange liegen gelassen habe. Das hätte nicht sein sollen. Aber nun ist es schon einmal so. Wenn Du dadurch auch an mir eine zusätzliche Enttäuschung erlebt hast, so ist das nicht zu ändern, und ich kann Dich nur bitten, diese Enttäuschung zu verarbeiten, sie zu den anderen Enttäuschungen, die Du in Deinem Brief schilderst, hinzuzulegen und mit allen zusammen eben doch fertig zu werden.

Ich hoffe, daß sich inzwischen doch manches von selbst durch die Erziehung, die uns das Leben selber angedeihen läßt, geändert hat. Hoffentlich hast Du aus dem Tod Deines Freundes, der sich erschossen hat, etwas Richtiges gelernt. Die richtige Konsequenz besteht nicht darin, mit dem Gedanken an einen Selbstmord zu spielen. Du hast nicht über Deinen Freund zu urteilen, weil jeder Tod in einem Menschen ein Geheimnis ist, das wir nicht ergründen können. Dein Tod ist auf jeden Fall ein anderer als der Deines Freundes. Wenn Du auf eine solche Weise Dir selbst davonzulaufen versuchen würdest, wäre es eine Feigheit, die kein Problem des Lebens löst, sondern selber endgültig werden würde.

Im übrigen möchte ich ganz nüchtern und primitiv sagen: Höre mit der Sauferei auf! (Hoffentlich hast Du es schon getan!) Empfinde Dein Verhältnis zu Deinen Eltern nicht als Unglück, über das Du Dich selbst bemitleidest, sondern als eine Aufgabe, die Du selber bewältigen mußt. Eltern sind auch oft beschränkte Menschen, selbstverständlich. Aber das ist kein Grund, Dich mit ihnen „total zu verkrachen", sondern eine Aufgabe, in der Du selbst lernen mußt, Verständnis und Geduld mit anderen Menschen zu erwerben, die Schuld von Zwistigkeiten nicht immer nur und allein bei den anderen zu suchen, sondern auch selbstkritisch damit zu rechnen, daß man seinen eigenen dummen Beitrag zu solchen Zerwürfnissen geleistet hat.

Vielleicht haben sich Deine Probleme mit N. schon von selber gelöst. Ist solch eine Vermutung ganz abwegig? Sollte es so sein, dann sollte die neue Erfahrung Dich nicht veranlassen, dumm die Vergangenheit auf sich beruhen zu lassen, als ob es sich einfach um Veränderungen handelte, die kommen und gehen, so wie das Wetter. Frage Dich, ob Du wirklich aus solchen Erfahrungen etwas lernst und danach Dich besser kennst, nicht auf die nächstbeste Anwandlung der Gefühle oder einer kurzschlüssigen Sehnsucht nach Geborgenheit hereinfällst. Sind die Eltern der N. wirklich „so gemein" gewesen, wenn Deine Gefühle für dieses Mädchen sich wieder geändert haben und Du im Grunde doch froh bist, wieder „freie Bahn" zu haben? Man muß den Mut haben, aus seinen Erfahrungen wirklich zu lernen. Dann können sie auch hinterdrein zu „seligen Dummheiten" sich verwandeln, die man milde beurteilt, aber nicht genauso dumm wie früher wieder begeht, wie es leider die meisten machen.

Ich weiß nicht, ob ich Dich wirklich verstanden habe. Du hast aber recht gehabt, all das zu schreiben, auch wenn ich längst nicht zu allem geantwortet habe, worüber Du Andeutungen gemacht hast. Bemühe Dich mutig weiter um den Glauben, von dem Du meinst, ihn noch nicht gefunden zu haben. Wenn Du das tust, hast Du den lebendigen Glauben mindestens im Keim. Du sollst die „Ideale" nicht fallen lassen, weil in ihnen die wahre Wirklichkeit steckt und nicht in dem, was die Menschen, die feig, kurzsichtig und bequem sind, für die Wirklichkeit halten.

Du sagst, Du würdest mich um meinen Glauben bewundern. So einfach ist das bei mir auch nicht. Ich muß mich letztlich genauso um meinen eigenen Glauben tagtäglich bemühen, wie ich dies Dir empfehle. Und wenn ich vielleicht in meinem Alter für mich selbst und für andere den Eindruck habe, es falle mir dies leichter als jungen Leuten, dann muß ich mir sagen, daß diese Leichtigkeit vielleicht nicht für einen größeren Glauben zeugt, sondern nur die Auswirkung einer gewissen Verkalkung ist, die sich mit dem Alter einstellt. Das weiß man alles nicht so genau.

Du und ich müssen immer noch den Glauben an den Ewigen Gott lernen, in dessen unendlicher Weite und Unbegreiflichkeit alle unsere Probleme ihren sie lösenden Platz haben und zwar gerade dann, wenn wir selber nicht wissen, wie dies geschieht.

Herzliche Grüße

von Deinem Karl Rahner

Um Gott zu lieben, brauche ich keine Kirche

Lieber Pater Rahner!

Am besten beginne ich gleich direkt. Ich glaube, nach langem Nachdenken, an Gott, aber nicht an die Kirche. Warum, kann ich nicht leicht begründen. Zum Teil, weil die Kirche meiner Meinung nach eine „schwarze" Vergangenheit hat (siehe Mittelalter), zum Teil, weil ich auch ohne Kirche Gott näherkommen und zu Gott auch ohne Messe beten kann, was für mich zielführender ist. Es widert mich fast an, Leuten zuzusehen, die Gebete, die sie auswendig gelernt haben oder vorgesagt bekommen, daherleiern, ohne auf den Sinn zu achten. Darum ist es für mich lächerlich, einen Rosenkranz zu beten, denn ich sehe darin, außer vielleicht eine Einstimmung auf die Messe oder Gott, keinen Sinn. Könnte man nicht genauso ein Kochrezept aufsagen?

Genauso ist es für mich nicht sinnvoll, zur Beichte zu gehen, weil ich nicht glaube, daß ein Priester mir nur durch ein paar Worte – und als „Strafe" ein Gebet – meine Sünden vergeben kann. Da könnte ich ja dauernd sündigen und mir dann „vergeben" lassen. Wieso soll ich die „Konsequenzen" für meine Sünden nicht tragen müssen, wenn ich sie auch begehe? Mir von einem Menschen vergeben zu lassen, ist doch nur ein Zeichen von Angst, mit meinen Sünden vor Gott zu treten und dafür wirk-

lich zu büßen. Leider habe ich nicht, wie so viele andere, die Kraft, noch in meinem Leben wirklich dafür zu büßen, so muß ich es eben nach dem Tod.

Außerdem bin ich nicht mit allen Ritualen der Kirche einverstanden, denn ich glaube, ein echter Gläubiger braucht für seinen Glauben keine Symbolhandlungen. Auch glaube ich mich zu erinnern, in der Bibel einmal gelesen zu haben, daß man sich zum Beten nicht öffentlich an eine Straßenecke oder in die Synagoge stellen soll. Nach diesen für mich beruhigenden Worten steht das Vaterunser. Diese Stelle ist für mich die wichtigste im Neuen Testament.

Manchmal glaube ich auch, daß ich unrecht habe und zweifle an meinen Überlegungen. Da wünschte ich, ich hätte auch so einen festen Glauben an Gott und an die Kirche. Hoffentlich können Sie mir helfen, die Kirche zu verstehen, damit ich sie nicht mehr so negativ sehe. Es würde mich wirklich interessieren, wie Sie darüber denken.

Auf eine Antwort – hoffentlich – wartend grüßt Sie allerherzlichst

Gregor

Lieber Gregor!

Deinen Brief habe ich (ich gestehe es gern) mit einem gewissen Vergnügen gelesen und manchmal gelacht. Wenn Du meinst, man könne ebensogut ein Kochrezept aufsagen, als den Rosenkranz zu beten, dann vermute ich, daß Du noch nie einen Rosenkranz gebetet hast. Wenn Du es öfters schon versucht hättest, wäre Dir vielleicht aufgegangen, daß in der Monotonie dieses Gebetes schon – vom eigentlichen Wesen des Gebetes als solches abgesehen – eine ungeheure Kraft an Ruhe, an Gelassenheit, an Mut, fern von alldem Betrieb des Alltags, bei sich zu sein, enthalten ist. Aber das nur alles nebenbei.

Eigentlich wundere ich mich, daß Ihr jungen Leute so große Schwierigkeiten mit der Kirche habt. Ihr neigt doch heute im Unterschied zu uns alten Individualisten einer vergangenen oder vergehenden Zeit zu irgend so etwas, was man „Sozialismus" (richtig verstanden) nennen könnte. Die jungen Leute heute wollen doch Gemeinschaft, fordern mehr Nähe zueinander, Brüderlichkeit, Dienst am Nächsten. Wenn aber eine Gemeinschaft nicht bloß eine bald wieder sich auflösende Sympathiegruppe sein soll, sondern wirklich für einen Menschen und sein Leben eine dauernde Grundlage abgeben soll, dann fordert eben doch eine solche strukturierte, ja unvermeidlich auch organisierte Gemeinschaft Einordnung, Disziplin, Selbstlosigkeit vom einzelnen.

Seltsam ist für mich: Ihr wollt Sozialisten sein und bringt doch kein Verständnis für die Kirche auf. Sie aber ist doch eine Gemeinschaft, in der es natürlich Pflichten, Regelungen, Normen gibt, in die man sich mit einer gewissen Selbstlosigkeit einordnen muß. Natürlich nur, wenn man das unbefangen und ehrlich tut, findet man auch den Segen, den eine solche Gemeinschaft einem geben kann. Es ist so ähnlich wie bei einer Familie. Man kann ihre Geborgenheit, die gegenseitige Hilfe in ihr nur erfahren, wenn man auch die Leistungen fraglos erbringt, die ein solches Zusammenleben unvermeidlich fordert. So ist es auch in der Kirche.

Ich habe schon oft gehört, daß Leute behaupten, sie könnten Gott auch ohne Kirche näherkommen, sie fänden ihn in der Natur usw. Selbstverständlich kann ein Christ nicht bezweifeln, daß jeder, der seinem Gewissen in selbstloser Treue gehorcht, letztlich Gott finden kann. Aber kann es nicht so sein, daß ein der Wirklichkeit und ihrer Fülle geöffneteres Gewissen eben erkennt, daß die Gemeinschaft der Kirche auch eine Forderung ist, die Gott durch dieses Gewissen einem stellt? Kann es nicht so sein, daß man durch und mit der Kirche dem unendlichen Gott radikaler, selbstloser näherkommt, daß man Erfahrungen mit Gott macht, die man eben doch nur in der Kirche machen kann?

Ist es denn wirklich so, daß man, wenn man in der Kirche und mit ihr lebt, Gebete „herunterleiern" muß, Sünden heruntersagen muß, um die Vergebung zu erlangen? Ist es nicht so, daß, wer die Feier der Eucharistie wirklich glaubend begreift, in diesem heiligen Vorgang eine Nähe zu Christus Jesus, seinem Leben, seinem Tod am Kreuz und seiner Auferstehung erfährt, die er sonst nicht finden kann? Kann man sich nicht in einer echten lebendigen und persönlichen Weise hineinstellen in den Chor der Beter?

Man kann ja als ganz normaler Christ durchaus jenen Gottesdienst, jene Gebetsgemeinschaft, jene Feier der Eucharistie suchen, die einem selber persönlich näher liegt und weniger Schwierigkeiten macht als vielleicht dieser oder jener Gottesdienst in dieser oder jener Gemeinde. Aber einfach das, was im Gottesdienst der Kirche geschieht, abzuqualifizieren als lächerliches Herunterleiern von Gebeten, das ist einfach ungerecht. Bist Du so selbstverständlich mit dem heiligen Gott des Ewigen Lebens in Deinem eigenen Leben in einer solchen unangefochtenen Einheit und Gemeinschaft, daß Du für Deine Schuld nicht auch das Vergebungswort Jesu durch die Vermittlung der Kirche notwendig hast? Ich muß ehrlich sagen, daß Dein Satz: „Ein echter Gläubiger braucht für seinen Glauben keine Symbolhandlungen" von mir schrecklich töricht empfunden wird.

Bist Du ein Mensch aus Leib und Seele? Muß sich nicht die innerste Wirklichkeit im Kern Deiner Persönlichkeit notwendigerweise auch äußern in leibhaftigen Vorgängen? Kannst Du auf Kunst, auf Musik verzichten? Darin geschehen doch immer und eigentlich nur Symbolhandlungen, in denen ein Mensch die innersten Vorgänge in seiner Existenz aussagt. Warum sollte es in der Dimension unseres Verhältnisses zu Gott anders sein? Ein demonstratives Beten an einer Straßenecke gehört gewiß nicht zu den notwendigen und sinnvollen Verleiblichungen unseres Verhältnisses zu Gott, besonders dann nicht, wenn (was Jesus tadelt) das nur geschieht, um vor anderen seine Frömmigkeit zu demonstrieren.

Daß Jesu Wort gegen eine solche Zurschaustellung seiner Frömmigkeit aber das wichtigste Wort im Neuen Testament sein soll, das zu behaupten ist einfach töricht. Es widerspräche auch handgreiflich der Absicht Jesu, der in seinen Worten selbstverständlich auch nicht immer das Allerletzte und Entscheidende gleichzeitig sagen kann, was ihn bewegt. Wenn Jesus sagt, man solle Gott aus ganzem Herzen und mit allen Kräften lieben, dann ist das für Jesus selbstverständlich ein wichtigeres Wort als das, das Du für Dich als das wichtigste im Neuen Testament erklärst. Natürlich könnte jemand sagen, in allen Worten Jesu steckt immer wieder, auch wenn sie als einzelne gesprochen werden, das ganze, was Jesus bewegt und was er uns nahebringen will. Aber das ändert doch auch wiederum nichts daran, daß in verschiedener Dringlichkeit und Mächtigkeit das Letzte der

Botschaft Jesu in verschiedener Weise und Intensität gegeben ist.

Natürlich habe ich in dem, was ich eben sagte und zu dem ich nun in einem kurzen Brief nicht mehr viel hinzufügen kann, das eigentliche und letzte Wesen der Kirche noch gar nicht beschrieben. Aber wenn Menschen immer auch Menschen sind und sein müssen, die in einer Gemeinschaft leben, und wenn es Menschen gibt, die an Jesus als den Menschen glauben, durch den sie letztlich allein zu Gott kommen und sein letztes Wort des Heiles, der Vergebung, der Gnade und des ewigen Lebens hören, dann muß es eben eine Gemeinschaft dieser so um Jesu Gescharten geben, dann muß Kirche sein.

Dann muß man eben mit Geduld, mit Wohlwollen, mit Bereitschaft lernen zu geben und nicht nur zu nehmen und so in das Leben dieser Glaubensgemeinde um Jesus hineinwachsen. Versuche es einmal!

Du sagst, Du hättest den Wunsch, einen so festen Glauben an die Kirche zu haben, wie Du ihn auf Gott hin hast. Du brauchst im Grunde genommen gar nicht genau denselben Glauben, das heißt jene absolute Identifikation Deiner Selbst mit diesem Gegenüber, der Kirche, zu haben wie Du diesen Glauben Gott gegenüber hast. Denn die Kirche ist nicht Gott und eine letzte absolute Hingabe und Selbstidentifikation, die unsere Existenz verlangt, können wir nur Gott gegenüber haben. Aber so wie es auch sonst Wirklichkeiten außer und neben Gott gibt, denen gegenüber wir ein positives Verhältnis haben müssen – gerade auch weil dies von Gott verlangt wird, – so müssen und können wir auch ein positives Verhältnis zur Kirche suchen und finden.

Versuch es mit Geduld, auch selbstkritisch gegen Dich selbst, halte Deine bisherigen Erfahrungen mit der Kirche nicht für erschöpfend und endgültig. So wie man vielleicht einem Menschen gegenüber zuerst weniger gute Erfahrungen glaubt machen zu müssen und dann langsam doch merkt, welch großartiger Kerl der andere ist – wie hilfreich, wie treu –, so kann es einem ähnlich auch mit der Kirche gehen. Du sagst ja selbst, daß Du manchmal glaubst, Unrecht zu haben und daß Du an Deinen eigenen Überlegungen zweifelst. Wenn das wahr ist, dann bist Du eigentlich schon auf dem richtigen Weg. Er wird Dich dann der Kirche näherführen.

Ich grüße Dich auch – wie Du schreibst – „allerherzlichst"

Dein Karl Rahner

Angst vor jeder Entscheidung

Lieber Pater Rahner!

Ein Problem, das sich mir – einem siebzehnjährigen Mädchen – ununterbrochen stellt, ist folgendes: Ich möchte jede Tat, jede Entscheidung verantworten können und nachher noch mit mir selbst einverstanden sein. Aber einerseits hält mich meine Bequemlichkeit davon ab, und ich versuche, mich durch Ausreden zu rechtfertigen. Das eine Mal bin ich nach einem langen Schultag viel zu müde, um im Haushalt noch irgendwelche Handgriffe zu tun. Ein anderes Mal denke ich mir: Warum soll gerade ich das tun? Dem ließe sich entgegenstellen: Warum soll gerade ich das nicht tun? – Doch diese Fragestellung will mir in solchen Augenblicken gar nicht einfallen, ich bin nicht zugänglich, bin ganz in meinen Egoismus verstrickt.

Andererseits – und das ist für mich der belastende Punkt – findet sich in mir ein Maß an Feigheit, ja Angst, was bedeutet, daß ich manchmal Dinge tue oder sage, nur weil die Masse auch so tut oder sagt. Ich habe dann einfach nicht den Mut zu bekennen, daß ich ganz anderer Meinung bin oder daß ich etwas nicht tun will, weil ich es nicht für gut halte. Es ist mir schon oft so ergangen, daß ich die richtige Antwort bereits auf der Zunge hatte und dann doch etwas anderes sagte.

Jedenfalls weiß ich es immer, wenn ich etwas Falsches oder nichts getan oder gesagt habe. Und dieses Wissen bedrückt mich, es meldet sich als das schlechte Gewissen. Bei manchen Entscheidungen spüre ich einen großen Druck auf mir lasten, der mich treibt. Bevor ich sozusagen erdrückt werde, muß ich mich aber entscheiden, Bisweilen kommt ein richtiger Stoß von innen, und ich kann mich aufraffen, das Gute zu tun. Wenn ich jedoch eine falsche Entscheidung treffe, fühle ich mich unbehaglich, fast wie in einer zugeschnappten Falle. Der Druck, entscheiden zu müssen und zwischen richtigen und falschen Entscheidungen eingespannt zu sein, macht mich oft richtig fertig. Dabei habe ich prinzipiell immer den Willen, das Richtige zu tun, nur ist der Wille manchmal nicht stark genug und es fehlen mir die Orientierungspunkte.

Ich glaube, daß Sie, lieber Pater Rahner, mir aus Ihrer Lebenserfahrung helfen könnten. Ich möchte frei sein von diesem unmenschlichen Druck und doch die richtigen Entscheidungen treffen.

Ihnen wünsche ich alles Gute und bin in Dankbarkeit
Ihre Barbara

Liebe Barbara!

Eigentlich glaube ich nicht so recht, daß Du unter einem „unmenschlichen Druck" lebst. Natürlich müssen wir uns in unserer eigenen Lebensführung und im Umgang mit anderen Menschen immer wieder entscheiden, was wir sagen und nicht sagen, was wir tun oder nicht tun. Und es ist natürlich auch so, daß wir – wenn wir ehrlich und selbstkritisch sind – hinterdrein feststellen, dieses oder jenes nicht richtig gesagt oder getan zu haben. Man soll solche Dinge in seiner Lebensführung nicht bagatellisieren und verharmlosen oder billig entschuldigen. Aber, wenn wir solche Mißgriffe nachher uns in einer falschen Weise übelnehmen, sie sich in Depressionen auswirken lassen, dann ist so etwas nicht so sehr ein Zeichen unseres sittlichen Strebens, das lobwürdig ist, sondern eine Auswirkung eines falschen Stolzes, der uns in einer falschen Weise zwingt, uns selber übelzunehmen, was wir getan haben. Man muß die ja letztlich vielleicht doch nur relativ unbedeutenden Fehlgriffe des Alltags nicht zu ernst nehmen.

Du sollst natürlich im Haushalt auch mit anpacken und Dich nicht mit Müdigkeit entschuldigen, wo man mit Recht von Dir noch eine Hilfe erwartet. Man kann solche kleinen Fehltritte durchaus unter der Frage betrachten und ernst nehmen, ob sich darin nicht ein versteckter Egoismus auswirkt und gleichzeitig verbirgt, der wirklich ernst zu nehmen ist. Aber noch einmal, man sollte sich auch durch die Unvollkommenheiten, ja sogar durch die kleinen Schäbigkeiten unseres Lebens nicht zu sehr belasten lassen.

Du bist nicht in einer zugeschnappten Falle, sondern wenn Du Dich selber gelassen und heiter beurteilst, sollst Du immer sagen und davon überzeugt sein, daß diese Falle im Grunde genommen offen ist. Wenn Du heute einem Dir nahestehenden Mitmenschen ein liebes Wort versagt hast, sag es ihm dann wenigstens morgen. Wenn Du Dich jetzt gedrückt hast und anderen die Arbeit überließest, dann machst Du das eben bei der nächsten Gelegenheit besser. Das kannst Du und wenn Du immer wieder aufs Neue einen solchen Willen erweckst, dann sollst Du Deine früheren Fehler auch wieder nicht zu tragisch nehmen und darfst vieles daran zu dem rechnen, was wir schwache und kurzsichtige Menschen nun einmal als tägliche Fehler immer wieder begehen.

Fällt man, dann steht man eben wieder auf. Hat man etwas versäumt, dann holt man das eben nach. Die Geduld mit sich selber, die auch nicht nur dem Nächsten, sondern auch uns selber geschuldet ist, ist auch eine christliche Tugend. Man muß auch mit sich barmherzig sein, wie man es anderen und ihren Schwächen schuldig ist.

Sei heiter und fröhlich und nimm Dich selber nicht zu ernst. Wir müssen unser Leben verantworten. Aber es gibt auch sehr vieles in unserem Leben, was wir eigentlich doch nicht wirklich verantworten müssen. Das eine und das andere kann man nicht reinlich trennen, und darum sind natürlich auch die Haltung einer ernsten Verantwortlichkeit für sich selbst und die Barmherzigkeit mit sich selbst zwei Tugenden, die man nicht leicht trennen und unterscheiden kann, die zusammen zu üben eine seltsame und doch fröhlich und zuversichtlich anzunehmende Aufgabe unseres Lebens bleibt.

Ich wünsche Dir alles Gute

Dein Karl Rahner

Man müßte im Grunde ganz anders leben

Lieber Herr Professor Pater Rahner!

Ich muß sagen, daß mein Leben eigentlich sehr glücklich verläuft und ich mich kaum mit sehr schwerwiegenden Problemen auseinandersetzen muß. Vielleicht denke ich gerade deshalb über viele Dinge nach. Ich möchte Ihnen nun über etwas Bestimmtes, das mich beschäftigt, schreiben.

Ich habe mich ein wenig mit dem Leben des Franz von Assisi befaßt, und seine Lebensweise hat mich einfach begeistert. Das Glück, das er in seiner Armut empfunden hat, seine Verbindung mit Gott, die umso stärker war, da er mitten in der Natur lebte. Er war ein Stück von ihr, gleich den Lilien auf dem Felde und den Vögeln auf den Bäumen. Er lebte mit der Schrift und schöpfte Kraft aus der wunderbaren Reinheit seines Lebens. Und mich erschüttert, daß wir, daß ich nicht fähig bin, gleich ihm aus der genormten Lebensweise auszubrechen, um wie er einen anderen, vielleicht am Anfang harten Weg zu gehen. Viele von uns sind zwar offen für seine Lehre, lassen sich aber nicht wirklich mitreißen, um ihm zu folgen. Ich meine damit nicht, daß wir uns dem Franziskaner-Orden anschließen, sondern ich meine sein Ausbrechen, sein erfülltes, klares Wirken, sein Vertrauen zu Gott.

Die Ausrede, es sei heute eine ganz andere Zeit, mag

vielleicht stimmen, aber das Problem und die Angst vor dem Neuen ist geblieben. Franz von Assisi hat es geschafft, dies zu überwinden.

Ich sehe zwar ein, daß ich auch in kleinen Dingen einen neuen Weg gehen kann, daß ich mich nicht ganz von allem trennen muß, aber ein wenig traurig bin ich doch, daß es einfach nicht geht, daß ich nicht alles fallen lassen kann, um nur mehr die wirklich wesentlichen Dinge meines Lebens zu verfolgen.

Danke vielmals, daß Sie meine Gedanken verfolgt haben.

Viele liebe Grüße

Marianne

Liebe Marianne!

Gott sei Dank, daß Du keine sehr schwerwiegenden Probleme hast und Dir auch keine künstlich anquälst, wie viele Leute, die meinen, man sei nur so ein Mensch von heute und mit Tiefgang. Franz von Assisi war ein wunderbarer Mensch, ein wirklicher Christ, ein Heiliger. Es gibt viele, die meinen, daß er nach Jesus eigentlich der Größte in der Kirche und im Himmelreich sei. Aber jeder Mensch hat seine ihm von Gott zugedachte eigene Lebensaufgabe. Jeder ist ein einmaliger Mensch und Christ, und darum kann man selbstverständlich auch den heiligen Franz von Assisi nicht einfach kopieren wollen.

Ob Du auch nur zu einer ähnlichen Armut, wie der dieses Heiligen berufen bist, ob Du in einer solchen unmittelbaren Nähe zu einer berührten Natur leben kannst wie Franz, ob Du so im Stile dieses Heiligen in solch heiliger Naivität Jesus nachfolgen kannst (hinsichtlich der Eigentümlichkeiten des Lebens Jesu, die gerade Franz besonders auffielen und die doch auch wieder nicht alles waren, was Jesus lebte), das ist eine Frage, die ich natürlich nicht beantworten kann und die vermutlich eher mit einem Nein als mit einem Ja beantwortet werden muß.

Du lebst in einer anderen Zeit als Franziskus, Dir stellt Deine geschichtliche und persönliche Situation andere Aufgaben, als sie ihm auferlegt worden sind. Gewiß können wir uns beschämen lassen von der Radikalität, mit der dieser Heilige die Nachfolge Jesu, des Gekreuzigten, lebte. Gewiß kann er uns ein Vorbild sein dafür, daß man nicht in letztlich ungläubiger Selbstverständlichkeit den Lebensstil seiner Umgebung mit ihrer Oberflächlichkeit und Profanität übernehmen darf. Er hat uns gewiß etwas zu sagen, aber der eigene, vielleicht sehr „alternative“ Lebensstil, der wirklich unserer ist, muß von uns selber gefunden werden. Einmal etwas pathetisch gesagt: Du sollst kein heiliger Franz, sondern eine „Heilige Marianne“ werden. Was das genau bedeutet, weiß ich natürlich nicht. Du solltest nicht darüber traurig sein, daß Dein Lebensstil nicht so einfach ist und nicht so einfach gefunden werden kann, wie Du meinst, einen solchen bei Franziskus erkennen zu können.

Es kann sein, daß Du Deinen Weg nur Schritt für Schritt, langsam erkennen kannst. Du darfst die Mühsal eines solchen immer neuen Suchens nicht ungeduldig zu vermeiden suchen. Du sollst nicht „ein wenig traurig“ sein, daß es nicht so einfach geht. Ich bin schon 60 Jahre in einem Orden, suche den Verpflichtungen einer solchen Lebensweise einigermaßen gerecht zu werden, aber der konkrete Weg, den ich gehen muß, muß jeden Tag neu gefunden werden.

Im letzten sind wir dabei nicht die, die sich ein Leben nach eigenen Idealen konstruieren, sondern die, die sich im Alltag das wahre Leben der Gnade und der Freiheit von Gott schenken lassen müssen.

Mach' fröhlich weiter!

Ich höre, daß Du noch gar nicht so lange das Sakrament der Firmung sehr ernsthaft empfangen hast. Damit ist Dir auch im Raum der Kirche Gottes Zusage greifbar gegeben worden, daß Du, wenn Dein Herz willig bleibt, vom Geist Gottes geführt wirst, auch dann, wenn Du keine genaue Karte dieser Lebenswege schon besitzest, die Du gehen sollst.

Ich wünsche Dir alles Gute

Dein Karl Rahner

Gelähmt von meinen dunklen Stimmungen

Sehr geehrter Herr Pater Rahner!

Der Glaube interessiert mich, aber ich vermag ihm nicht so viel abzugewinnen wie andere (z. B. aus unserer Gemeinde). Ich glaube an Gott, daß Jesus sein Sohn war, schon weniger. Und die Kirche samt Organisation, Umsetzung der Werte in die Praxis, erscheint mir überhaupt zweifelhaft. Die Christen wirken auf mich oft wie Lämmlein, die manchmal aus Angst vor sich selbst, meist aber aus allgemeiner Verdrängung des inneren Kampfes, den jeder bis zu seinem Ende durchstehen muß, sich gedankenlos eine Stütze suchen. Meine Auffassung ist anders.

Mein Ziel war und ist stets die Bemühung geblieben, das eigene Denken so frei wie möglich zu halten. Ich würde meine Ansicht so beschreiben: Es existiert ein Winkel, dessen erster Schenkel stellt das Christentum mit seinen Lehren dar. Der zweite Schenkel ist das im Laufe der Zeit angesammelte Wissen, welches dagegenhält, aber doch klar erscheint, d. h. einem durchaus das Gefühl der Richtigkeit schenkt. Mein Leben ist nur die Winkelhalbierende bzw. Diagonale zwischen christlicher Lehre und anderen Ideen. Dies werde ich, so glaube ich, immer beherzigen, weil die gedankliche Freiheit und Vergleichsmöglichkeit immer erhalten bleiben sollte. Soweit zur Unabhängigkeit.

Mein bisheriges 16jähriges Dasein war ein schmerzfreies, von Ungemach verschontes. Aus Anlage neige ich trotzdem zu extremer Melancholie, ja oft zur Verzweiflung. Stimmungen aller Arten und Gegensätze machen mich meist zu ihren Gefangenen. Obwohl ich versuche, nicht ausschließlich eigenbrötlerisch zu leben, sondern Kontakt mit anderen zu halten und ihnen Herz und Seele zu öffnen, erfahre ich eine mörderische Unpersönlichkeit, die mich beinahe zusammenbrechen läßt. Die Gemeinschaft kann unter einem noch so christlichen Banner arbeiten, leichte, aber tiefgehende Hilferufe werden unbewußt von den Nächsten wohl aufgenommen, aber entweder mit indirektem Hohn belohnt, oder alle fliehen vor dem bedrückenden Gefühl, die eigene, sei es auch die Jesu-Christi-Welt, in ihrem Inneren nicht zu zerstören.

Ich bitte Sie, mir einen Wink oder Fingerzeig zu geben, damit ich meine Situation lebenswerter zu gestalten vermag. Ich möchte mich nicht zu einem aus der Reihe fallenden Problemmenschen machen. Gut, ich trinke bisweilen; Selbstmordgedanken arteten noch nie in manisch-depressive Handlungen aus. Im Augenblick lebe ich nur für die Kunst; mit der Musik von Gustav Mahler habe ich den Schlüssel, mich mit einem Menschen gänzlich zu identifizieren. Ich bin erschüttert bis ins Innerste von seinen Klängen. Er muß, so glaube ich, ähnlich wie mein zerrütteter Geist gefühlt und gedacht haben. Könnte ich komponieren, seine Werke wären die meinigen in Ausdruck und Aufgabestellung, abgesehen davon, daß er ein Genie war und ich keines bin. Ich selbst begnüge mich mit Schreiben – mein einziges Ventil, um klarzukommen mit dem ganzen Kampf, um das ständige Ringen durchzuhalten wie bisher. Und es sind grelle, furchtbare, ja perverse Dinge, die da entstehen nach Vor-

bildern wie Franz Kafka und George Orwell – sieht man von allen handwerklichen Mängeln ab.

Vielleicht schreibe ich dies alles nur, weil unser Skikurs schrecklicher ablief als in den kühnsten Vorstellungen. Als Gemeinschaftsmensch habe ich wieder einmal auf allen Linien gründlich versagt, mein verdammtes Gemüt bleibt mir wohl auf immer eine überschwere Last. Auch zur Befriedigung solch elementar-wichtiger Dinge wie die Sexualität stehe ich mir selbst im Wege. Momente der unbeschwerten Heiterkeit werden immer seltener, und als Trübsalbläser erhält man in der Öffentlichkeit kaum Zuspruch. Es bleibt letztlich doch wieder nur die Einsamkeit mit ihrer Selbstzerfleischung. Bierräusche sind bewußte Momente der Selbsttäuschung.

Abschließend möchte ich noch vervollständigen, daß ich mit meinen Eltern eine wunderbare Beziehung habe, daß sie aber trotz vieler, auch tiefer Gespräche meinen eigentlichen Charakter noch nie erkannt haben bzw. erkennen wollten. Wenige Freunde bringen ebenfalls fast kein Verständnis auf. Und daß ich eigentlich kein ruhiger, sondern bisweilen sogar lebhafter Mensch bin – also wahrscheinlich nicht ‚schüchtern' –, wundert mich selbst. Äußerlich stehe ich ja mit beiden Beinen im Leben, innerlich habe ich zu kämpfen. Mein Traum: ein Freund oder besser eine Freundin, bei der (dem) ich meinen Kopf in den Schoß legen darf und laut weinen kann. Doch dieses Bild bleibt wohl immer ein ferner Traum, wie vieles.

Ehrlicher vermag ich nicht zu sein, und es tut gut, weil ich vor anderen meist eine Maske aufsetzen muß, um halbwegs durchzukommen. Meine Bitte um Rat, ja um echte Hilfe, kann ich hier nur noch einmal wiederholen.

Hochachtungsvoll *Maximilian*

Lieber Maximilian!

Ich will Dir gleich gestehen, daß ich mich durch Deinen Brief überfordert fühle. Ich meine, das, was Du über Dein Verhältnis zum Christentum, zu Jesus und zur Kirche am Anfang des Briefes schreibst, sei eigentlich nicht so wichtig, daß ich jetzt darauf antworten müßte. Viel wichtiger ist dann, was Du nach dem ersten Teil Deines Briefes von Dir berichtest. Von Deiner „Einsamkeit mit ihrer Selbstzerfleischung", von Deinen unerfüllten Träumen, von der Situation, die Dir wie eine Gefangenschaft vorkommt, von Deiner Eigenbrötelei und Kontaktlosigkeit. Da das alles bei Dir gegeben ist, obwohl Du eine wunderbare Beziehung zu Deinen Eltern hast und Dir auch sonst das Leben von außen nicht zusetzt, obwohl Du intelligent bist, so sehr, daß es Dich zum Schreiben drängt, mußt Du Dir wohl sagen, daß es sich hier um eine allgemeine depressive Veranlagung handelt, die garnicht von äußeren und zufälligen Umständen Deines Lebens abhängt.

Wenn alles, was Du von Dir erzählst, die Äußerung einer inneren Veranlagung ist, die auch von vornherein und im voraus zu sachlichen Einzelfragen Dein Verhältnis zum Christentum trübt, dann ist Dir schwer zu raten und ich fühle mich da, wie schon gesagt, eigentlich überfordert. Was kann man einem Menschen wie Dir sagen, raten? Wie trösten? Man kann ja durch gute, aber billig klingende Ratschläge diese Deine Grundstimmung des Lebens nicht verscheuchen. Aber immerhin: Kannst Du Dir diese Situation nicht ehrlich eingestehen? Kannst Du Dir nicht sagen: Mit dieser meiner seelischen Grundstimmung muß ich vorläufig immer rechnen, auch wenn es noch lang nicht ausgemacht ist, daß die weitere

Entwicklung meines Lebens (auch in biologischer und physiologischer Hinsicht) mich nicht auch in eine heitere und freudigere Grundverfassung hineinführt. Solange es aber so ist, wie es jetzt bei Dir von innen her ist, mußt Du damit ruhig und gelassen rechnen.

Andererseits sollst Du Dich dieser Grundstimmung nicht einfach überlassen. Du kannst sie zwar nicht wegzaubern und Dich auf Kommando zu einem fröhlich-heiteren Menschen verwandeln. Aber Du kannst wissen, daß man nicht unbedingt so sein muß, wie Du nun einmal bist; daß man aus einer solchen Grundstimmung nur mit größter Selbstkritik und Vorsicht Schlüsse auf die Wirklichkeit überhaupt ziehen darf, daß man nicht ein Mensch sein darf, der behauptet, es gäbe gar keine Sonne, weil er sie wegen der Wolken im Augenblick nicht sehen kann.

Du kannst geduldig an Dir selber arbeiten. Du kannst die positiven Seiten Deiner Grundstimmung zu entwickeln suchen. Denn solche sind auch gegeben. Ein im Grunde seines Wesens so melancholischer Mensch, wie Du es zu sein scheinst, hat durchaus Chancen, aus dieser Grundstimmung etwas Positives zu machen. Du bringst es von dieser Deiner Grundverfassung her nicht fertig, primitiv und oberflächlich in den Tag hinein zu leben (Du sollst natürlich nicht in Bierräusche fliehen!). Du hast Verständnis für die Musik Mahlers. Ist das nicht eine positive Gabe (die ein oberflächlicher Mensch gar nicht besitzt) in Deinem Leben? Du hast, was jungen Menschen meist fehlt, offenbar Verständnis für Deine Eltern, für ihre Zuwendung zu Dir, sonst könntest Du Deine Beziehung zu ihnen nicht „wunderbar" finden. Ist das nicht auch wirklich etwas Wunderbares, für das Du dankbar sein könntest?

Du hast nicht viele Freunde, aber vielleicht findest Du doch Menschen, mit denen Dich eine echte Freundschaft verbinden kann. Dabei sollst Du nicht zu sehr einer Sehnsucht nachgeben, „Deinen Kopf weinend in den Schoß einer Freundin zu legen", weil wahre Liebe bei aller gegenseitigen Stützung eben doch Menschen voraussetzt, die auf eigenen Beinen stehen, das Leben tapfer meistern und aus dieser Kraft und Macht heraus für den anderen da sein können, ohne den anderen nur als Trost für den eigenen Egoismus zu vereinnahmen.

Du siehst, ich kann Dir keinen billigen Trick liefern, durch den Du aus Deinem Leben plötzlich einen heiteren Spaß machen kannst. Aber das ist auch nicht notwendig. Ich meine, Du sollst die Aufgabe tapfer ergreifen, die Dir Deine Veranlagung stellt. Ich bin überzeugt, daß Du dies kannst und imstande bist, aus Deiner Veranlagung heraus ein großes und tiefes Leben zu gestalten. Du brauchst durchaus kein „zerrütteter Geist" zu sein. Du wirst mit der Zeit natürlich auch erfahren, daß die Kunst, die Musik allein den letzten Sinn des Lebens nicht bieten kann, sondern daß Du ein Leben mit Gott in Treue gestalten mußt und kannst.

Du sagst: „Ich glaube an Gott." Nimm diesen Satz ernst, erfülle ihn mit Leben! Auch dann ist Dir vielleicht ein schweres und ernstes Leben von diesem Gott zugemutet. Aber warum auch nicht? Wir können uns unser Leben nicht nach Belieben und nach der Willkür unserer problematischen Wünsche aussuchen. Wir müssen uns annehmen, so wie wir sind. Aber wenn wir dies wirklich ehrlich, mutig und hoffnungsvoll tun, nehmen wir Gott selber an. Er aber ist nicht der Gott, der uns eine verzweifelte Gefangenschaft zumutet. Er mutet uns vielleicht lange Wege des Lebens zu, auf denen man nur mühsam weiterkommt, aber er bleibt doch der Gott des ewigen Lichtes.

Lieber Maximilian, ich bin am Ende dieses Briefes, der eben nur kurz sein kann, wirklich so ratlos wie am Anfang. Aber vielleicht ist dieses Eingeständnis, das ich ja auch für mich annehmen muß, eben doch eine kleine Hilfe auf Deinem Weg. Du hättest eigentlich am Schluß Deines Briefes nicht „hochachtungsvoll", schreiben sollen. Wir Christen sind Brüder, die sich ehrlich ihre Ratlosigkeit eingestehen können und sich so innerlich nahestehen. Von daher sage ich Dir mit allen guten Wünschen: Gib nicht auf, es ist kein Grund, sich in hoffnungslose und einsame Verzweiflung versinken zu lassen.

Herzlich

Dein Karl Rahner

Das Leben ist wie eine Gratwanderung

Lieber Pater Rahner!

Ein Freund nahm mich einmal in eine Gruppenstunde der katholischen Jugend mit. Dort erklärte ich, daß ich Gott nicht als gegeben annehmen könne, es gäbe keine Begründung für ihn – auch Jesus sei keine Begründung. Niemand könne mir die Behauptung widerlegen, daß er seine außergewöhnlichen Eigenschaften nur durch Zufall erhalten und die Menschheit genarrt habe. Entgegen meinen Erwartungen waren die Leute in der Gruppenstunde über mich nicht entsetzt, sondern akzeptierten mich so, wie ich eben war. So kam ich dann öfters in die Gruppenstunde.

Während eines längeren Krankenhausaufenthaltes hatte ich viel Zeit – Zeit genug –, um über Gott nachzudenken. (Falls es ihn gibt. Ableugnen kann ich ihn natürlich aus rein rationalen Überlegungen genauso wenig.) Diese Zeit des Nachdenkens war sicherlich ein erster Schritt zu Gott, doch bin ich noch immer sehr unsicher und auf der Suche. Nur die Umstände hatten mich dazu gebracht, mich mit „christlichen Angelegenheiten" etwas näher zu beschäftigen. Man kann doch beobachten, daß Krankheit und materielle Armut ein guter Nährboden für den Glauben sind. Und die katholische Kirche verstand und versteht es recht gut, ihren Glauben an solche

Menschen weiterzugeben und ihnen dadurch eine Stütze zu sein. Ich selbst fühle mich zu einer anderen Art von Menschen zugehörig: zu dem Wohlstandsmenschen. Dieser Mensch leidet. Er hat keinen physischen Halt. Wenn er sein Streben nach Besitztum für kurze Zeit unterbricht, findet er eine innere Leere, Enttäuschung und Sinnlosigkeit vor. Ich glaube, das spürt man in der Jugend noch schmerzhafter und möchte es besser machen. Doch ich weiß nicht, wie. Man verschließt sich gegen die Umwelt, gleichsam wie ein Atomreaktor, doch im Inneren kocht und brodelt es. Ich merke auch, daß das ganze Leben wie eine Gratwanderung ist – der Absturz durch Alkohol und sexuelle Erlebnisse ist jeden Tag möglich.

Kann die Kirche auch einer „solchen Jugend" helfen? Sicher nicht durch schöne Zeremonien und Gebetsformeln oder durch eine prunkvolle Kirche. Geheimnisumwobene Sekten sind da interessanter. Sie bringen Abwechslung vom grauen Alltag, auch wenn es nur dadurch wäre, daß sie das Grauen selbst bringen.

Bitte, lieber Pater Rahner, eröffnen Sie mir einen Zugang zu einer Kirche, die dem Wohlstandsmenschen mindestens ebenso einen Halt gibt wie den Kranken und Armen.

Vielen Dank für Ihre Mühe,

Ihr Franz

Lieber Franz!

Du bist Mathematikstudent. Ich vermute also, daß Du eine Mentalität hast, wie sie heute in naturwissenschaftlichen Kreisen sehr oft vorkommt. Von da aus ist es durch eine Art Berufskrankheit durchaus möglich, daß ein solcher Naturwissenschaftler gewissermaßen einen blinden Fleck in seinem Auge hat, das heißt, daß seine Rationalität irgendwie positivistisch verhängt ist auf das unmittelbar Erfahrbare, das rational und experimentell bewältigt und durchschaut werden kann. Von einer solchen Mentalität her ist es dann natürlich nicht leicht, einen Zugang zu dem Geheimnis zu finden, das unser Leben durchwaltet und das wir richtig und gleichzeitig ein wenig arg traditionell Gott nennen. Du wirst gerade als Naturwissenschaftler so selbstkritisch sein, daß Du mit solchen mit dem Beruf gegebenen Verengungen Deiner Intellektualität mindestens einmal rechnen wirst.

Nun ist es zwar richtig, daß auch Krankheit und Armut Situationen sind, von denen aus der Mensch zu Gott kommen kann, freilich nur, wenn er es richtig macht, weil auch solche Situationen genauso einen Nährboden für Atheismus geben können. Aber zu meinen, eine solche Situation sei die einzige, in der ein Gottesglaube gedeihen kann, wäre eine primitive Meinung. Die großen Denker der Geistesgeschichte, besonders der Griechen und des Abendlandes, haben sich positiv mit der Gottesfrage beschäftigt, ohne deswegen arm oder krank zu sein. Und ich meine, daß, wenn Du sagst, die katholische Kirche verstand und versteht es recht gut, Armen und Kranken ihren Glauben weiterzugeben und ihnen dadurch eine Stütze zu sein, das ein wenig primitiv ist.

Denn erstens bilden wir, die Menschen, selber diese Kirche, und die Vorstellung, daß da eine Kirche mit einer schlauen Taktik neben den Menschen stehe, die diesen irgendetwas beibringt, ist doch eigentlich schon eine Verzeichnung der wirklichen Situation. Ich z. B. bin der,

der nach Gott verlangt und gleichzeitig Glied der Kirche als der Gemeinde dieser Glaubenden ist, ich fühle mich in meinem Glauben nicht von einer schlauen Kirche außerhalb von mir manipuliert.

Du sagst, Du gehörtest an sich nicht zu diesen Armen und Kranken, die Gottes bedürfen, sondern seist einer der „Wohlstandsmenschen". Ich weiß nicht so recht, was Du darunter verstehst. Du sagst selber, ein „solcher Mensch leide". Wieso ist er dann nur durch ‚Wohlstand' charakterisiert? Du sagst, „er habe keinen physischen Halt". Meinst Du einen psychischen Halt? Der Mensch, der seine innere Leere, Enttäuschung und die Erfahrung einer Sinnlosigkeit in seinem Leben macht, der ist doch nun ein Mensch, der entweder zu Gott finden kann und muß oder eben in der Absurdität des Lebens verzweifelt oder dann wieder billig (aber im Grunde genommen schuldig werdend) in die Banalität des Alltagsbetriebes mit seinen Aufgaben und Genüssen flieht.

Ich meine, die Reaktion eines solchen Menschen, die richtig und verantwortbar ist, auf einen solchen Zustand wäre nur die Überzeugung von der Wirklichkeit Gottes selbst. Nun kann ich natürlich in einem kurzen Brief keinen Ausweis der Legitimität einer solchen Überzeugung von der Wirklichkeit Gottes liefern. So einfach geht das nicht. Das wirst Du doch einsehen und wenn Du nun nicht nur aus Not und Krankheit in einen immer wieder angefochtenen Glauben an Gott flüchten willst, sondern eine solche Überzeugung wirklich verantwortbar ernst und lebensgestaltend erringen willst, dann mußt Du Dir auch die Anstrengung zumuten, in heutigen Werken philosophischer und theologischer Art innerhalb der christlichen Kirchen eine Antwort auf die Gottesfrage zu suchen. Ich möchte nun keine bestimmten Werke dieser Art besonders empfehlen. Aber lies doch z. B. die Werke von Hans Küng über diese Frage oder, wenn Du nichts besseres finden kannst, meinen „Grundkurs des Glaubens, Einführung in den Begriff des Christentums". Natürlich mußt Du solche Werke, damit sie Dir etwas nützen können, mit Geduld, mit einer gewissen Anstrengung und auch einer ehrlichen Offenheit durchstudieren, ohne von vornherein immer alles besser wissen zu wollen.

Im übrigen ist ein persönlicher Kontakt mit der Kirche und ihrem Leben auch schon in Deiner jetzigen Situation durchaus sinnvoll und empfehlenswert. Die Kirche besteht doch nicht bloß aus „schönen Zeremonien und Gebetsformeln" oder „Prunk". Sie will auch nicht nur Abwechslung in den grauen Alltag hineinbringen wie die Sekten, von denen Du schreibst und die Du interessanter findest. Die Kirche ist die Gemeinschaft derer, die, in einer höchsten Anstrengung ihrer ganzen Existenz glaubend, hoffend und vertrauend, dem ewigen Geheimnis entgegenpilgern, das wir Gott nennen, und die von dieser letzten Haltung auf dieses Geheimnis hin auch ihren Alltag und ihre bürgerliche Lebensweise gestalten. Der Wohlstandsmensch, den Du beschreibst, und der offenbar auch ein an der letzten Frage des Lebens leidender Mensch ist, braucht ebenso einen Zugang zu Gott und kann ihn letztlich nur finden in einem vertrauensvollen Mitleben mit den anderen, die – auf Jesus Christus hin – diese ihre ewige Lebensaufgabe zu leisten versuchen.

Herzlichen Gruß

Dein Karl Rahner

Es fällt mir so schwer, in die Kirche zu gehen

Lieber Karl Rahner!

Ich schreibe Ihnen, da ich überzeugt bin, daß Sie reich an Erfahrung, der Jugend gegenüber aufgeschlossen und für ihre Probleme zugänglich sind. Ich studiere Pädagogik und Philosophie. Mein Vater ist Akademiker und ein religiöser Mensch. Ich habe noch sechs Geschwister. Wir sind eine bürgerliche Familie, wobei „bürgerlich" von mir als durchaus positiv gesehen wird. (Ich schreibe dies, da die meisten Jugendlichen dieses Wort nur als Metapher für eine sogenannte „spießbürgerliche Gesellschaft", in ihren Augen sehr negativ, verwenden.)

Obwohl ich der einzige männliche Erbe unserer Sippe bin, wurde ich nie bevorzugt behandelt, bin also kein „Hahn im Korb". Durch diese Gleichwertigkeit aller Familienmitglieder kristallisierte sich eine starke Harmonie unter uns Kindern heraus. Die gesamte familiäre Interaktion basiert auf einer sehr fundierten Liebe. Meine Eltern haben seit unserer Existenz nur für uns Kinder gearbeitet und gelebt. Das höchste Ziel meines Vaters war es immer, uns zu vollwertigen Christen zu erziehen.

Gerade dies, sein höchstes Anliegen, ist ihm nicht vollkommen gelungen. Bevor ich jedoch auf das religiöse Problem näher eingehe, möchte ich Ihnen ganz kurz meine Jugendjahre schildern.

Ich kam mit acht Jahren durch die Ministranten zur katholischen Jugend. Zugleich war ich Mitglied bei den Pfadfindern. Mit zehn Jahren löste sich unsere Gruppe auf, und ich wechselte von der Volksschule ins Gymnasium über. Mit 16 wurde ich Jungscharführer und nach einem weiteren Jahr wurde ich auch Gruppenleiter beim Jugendrotkreuz. All diese Aktivitäten fanden mit 18, im Abitursjahr, ein abruptes Ende. Nach einem kurzen zweiten Anlauf brachte ich das Abitur positiv hinter mich. Im Jahr darauf begann ich mein Studium und trat einer katholischen Studentenverbindung bei. Dies ist eine kurze Schilderung meiner Jugend, welche mich sicher prägte.

Das Problem, welches mich schon seit dem 17. Lebensjahr beschäftigt, betrifft den religiösen Bereich. Ich bin „ein überzeugter Christ", obwohl ich glaube, daß man als solcher zumindest ein kleines theologisches Fachwissen haben sollte. Obgleich mir dieses Wissen fehlt, bezeichne ich mich selbst als Christ, einerseits weil ich mir oft den Kopf über Religionen verschiedenster Art zerbrochen habe, andererseits auch aufgrund meiner Erziehung.

Ein wahrer Christ besucht normalerweise die Sonntagsmesse. Ich gehe fast nie in die Messe! Offen muß ich gestehen, teils aus Faulheit, größtenteils jedoch weil die „österreichische Messe" – ich lebe in Österreich – eine „tote Messe" ist. Das mag vielleicht ein sehr hartes Urteil oder Vorurteil sein, deshalb schreibe ich zur besseren Erklärung, was für mich eine sogenannte „lebendige Messe" ist: „Eine Messe von Schwarzen, bei der Gospels gesungen werden, die Leute klatschen, rufen … etwas sehr Emotionales und nicht nur stark Rationales, solch ein Gottesdienst spielt sich zeitweise in meinem Inneren ab. Dieser Gottesdienst versprüht Leben und Freude und Glück; aus diesem kann ich Kraft schöpfen.

In einen solchen Gottesdienst könnte ich oft gehen, nicht nur sonntags. Leider gibt es ihn jedoch nur in meiner Phantasie, wenn ich zuhause im Bett liege und nachdenke, vielleicht gerade zweifle, denn ich zweifle oft an der personifizierten Existenz Gottes, doch diese Zweifel vergehen immer wieder. Glauben Sie aber nicht, daß ich nicht auch versucht hätte, in unserem Gottesdienst einen Inhalt zu finden. Was soll ich tun, wenn mir der Gottesdienst nichts sagt. Es kostet mich große Mühe, in die Kirche zu gehen. Ich würde oft am liebsten aufstehen, klatschen (zum Beispiel aufgrund einer ergreifenden Predigt) und laut singen. Doch alles drückt mich nieder: die Ruhe, die Menschen, die seltsame Mystik, die in der Kirche herrscht. All dies läßt meine innere Erregtheit verstummen, bringt meinen emotionalen Glücksflug zum Sturz. Die Messe verläuft wie die Arbeit am Fließband. Es ist immer gleich, still und tot! Ganz brutal gesagt: „Die Messe ist Routine!"

Mich würde nun interessieren, ob nicht auch für Sie das Zelebrieren einer Messe zeitweise zur Routine wurde und eine lästige Pflicht auf Ihrem Weg. Kann ich als überzeugter Christ, anstelle der Messe, nicht auch in meinem Zimmer mit Gott in Gedanken kommunizieren, Ihm meine Probleme beichten? Wurden Sie in Ihrer Jugend aus Überzeugung Christ? Weshalb entschlossen Sie sich zum Theologiestudium? Zweifeln Sie nie an einer personifizierten Transzendenz, oder ist es nur ein „Charakterzug unserer Zeit", an allem zu zweifeln und nichts vom Alter übernehmen zu wollen?

Ich würde mich sehr über eine Antwort freuen!

In christlicher Nächstenliebe

Ihr Bernhard

Lieber Bernhard!

Verzeih mir, wenn ich gleich am Anfang sage, daß ich in einem notwendig kurzen Brief an Dich nicht eingehen möchte auf die Schilderung Deines bisherigen Lebens in Deiner Heimat, Familie und Schule und daß ich auch nicht Deine Fragen beantworten möchte, die Du über mich selber am Schluß Deines Briefes stellst. Ich möchte nur etwas über dein Problem mit der Sonntagsmesse sagen.

Du gibst zwar zu, daß Du manchmal aus Faulheit die Sonntagsmesse versäumst. Faulheit soll man überwinden. Aber Dein Problem ist die „österreichische Messe", wenn auch das Problem in anderen Ländern Europas wohl dasselbe ist. Du sagst, für Dich sei diese Messe tot. Nun würde ich zunächst einmal fragen, ob Du Dich genügend bemühst, einen Gottesdienst zu besuchen, der Dir am wenigsten Schwierigkeiten macht. Die Gottesdienste in unseren Kirchen sind doch noch sehr verschieden, und darum müßtest Du unter den vielen, die für Dich möglich wären, wenigstens den einen oder anderen finden, der Dir weniger Schwierigkeiten macht.

Du sprichst einmal von einer „seltsamen Mystik", die in der Kirche herrscht. Könntest Du dem nicht auch eine positive Bedeutung abgewinnen? Stell Dir einmal vor, alle Gottesdienste an jedem Sonntag wären so, wie Du sie wünschst und in Deinem Brief schilderst. Würdest Du jeden Sonntag gerne „aufstehen, klatschen und laut singen"? Kannst Du allen Mitchristen, die auch ihr eigenes Recht und ihre eigene Mentalität haben, einen solchen Gottesdienst jeden Sonntag zumuten?

Natürlich gibt es Christen, die routinemäßig dem Gottesdienst beiwohnen. Aber woher nimmst Du das Recht, allen, die einen normalen Gottesdienst am Sonntag besuchen, bloße Routine zu unterstellen? Ist nicht auch die Leistung eines religiösen Vorganges als „lästige Pflicht" eine unter Umständen durchaus echte menschliche Leistung und Pflicht?

Wenn Du von der Universität zu Deiner Familie zurückkommst, vielleicht schlecht aufgelegt, ist dann ein nettes Wort an Deine Eltern oder Geschwister, das Dir nicht so ganz vom Herzen kommt, nicht doch eine sinnvolle Aufgabe? Warum sollte es nicht in ähnlicher Weise eine durchaus sinnvolle Teilnahme an einem Gottesdienst geben, der Dir nicht auf den ersten Anhieb emotional besonders liegt? Ist die Gemeinschaft mit Menschen, die einem nicht unmittelbar sympathisch sind, nicht vielleicht etwas Größeres und Humaneres, als das Erleben einer kleinen Sympathiegruppe? Ist das gemeinsame Begehen des Andenkens des Todes und der Auferstehung des Herrn, der auch für Dein Leben entscheidende Bedeutung hat, nicht wichtiger und herrlicher, als wenn Du irgendeiner vielleicht doch letztlich oberflächlichen Emotionalität den Lauf lassen könntest?

Wenn Dir eine rasante Jazz-Musik ohne weiteres eingeht, ist das ein Grund, dafür eine Aufführung der 9. Symphonie von Beethoven abzulehnen, anstatt sich, vielleicht zunächst mühsam, auf das Verständnis einer solchen menschlichen Offenbarung vorzubereiten? Ich meine, Du hast bisher nicht intensiv und lange genug versucht, im Gottesdienst einen Inhalt zu finden, auch wenn seine äußere Form einem solchen Verständnis nicht gerade förderlich ist.

Natürlich kannst Du als überzeugter Christ im stillen Kämmerlein beten, Gott um die Vergebung der Schuld bitten, ihm Deine Probleme so anvertrauen. Das Trienter Konzil anerkennt auch außerhalb des sakramentalen Geschehens eine sogenannte geistliche Kommunion und betrachtet diese garnicht als ein bloßes „als ob", sondern als ein wahres, gnadenhaftes Geschehen der Vereinigung mit Christus. Aber bedeutet denn das alles, daß kirchlich-rituelle Vorgänge in der Gemeinschaft der Gläubigen darum sinnlos oder wenigstens überflüssig seien? Du kannst an Deine Eltern und Geschwister auf der ganzen Welt liebevoll denken und das bedeutet wirklich eine Realität echter Gemeinschaft. Aber dennoch kannst, sollst und mußt Du eine Gemeinschaft mit Deiner Familie pflegen, die all das, was im innersten Kern Deiner Person lebt und wachsen soll, auch leiblich in Gemeinschaft zur Erscheinung bringt und so gerade selber wächst.

Innerlichkeit, religiöse Einsamkeit und gemeinschaftliches religiöses Tun bedeuten keinen Widerspruch. Gemeinsames religiöses Tun ist selbstverständlich all den Belastungen und Schwierigkeiten unterworfen, die solchem rituellen Geschehen in der Gemeinschaft nun einmal mitgegeben sind. Wer diesen Schwierigkeiten billig ausweichen will, muß sich fragen lassen, ob er denn wirklich und auf die Dauer in seinem Leben den inneren Gottesdienst des Herzens feiert.

Für mich selber (um doch Deine Schlußfrage zu streifen) ist es selbstverständlich, daß man der natürlich gegebenen Gefahr der Routine beim Zelebrieren der Messe auf die Dauer nicht ausweichen kann, indem man diese Zelebration unterläßt. Sonst vermeidet man zwar die Routine, aber man läßt dann auch auf die Dauer den inneren Vorgang im Herzen verkümmern, auf den man so stolz ist. Wenn ich, der ich natürlich kein Moraltheologe bin, ehrlich sein will, dann würde ich zugeben, daß auch ein ganz gewissenhafter und treuer Christ hin und wieder eine Sonntagsmesse auslassen kann. Dann, wenn er zwar nicht durch Krankheit oder ähnliche Gründe davon entschuldigt ist, aber doch bei ehrlicher Selbstkritik und dem Entschluß, sich nicht einfach gehen zu lassen in seinen Launen, zu dem Urteil kommt, daß seine innere Verfassung an diesem Tag so ist, daß ihm einfach durch die Sonntagsmesse mehr abverlangt wird, als er im Augenblick leisten kann. Die Moralisten mögen über diese meine Meinung ihr Urteil fällen und Du darfst sie nicht zum Vorwand nehmen, Deiner Bequemlichkeit und einer gewissen Unterentwicklung Deiner religiösen Fähigkeiten einfach billig und bequem nachzugehen.

Dein bisheriges Leben war doch das Leben eines jungen Christen wie er ungefähr sein soll. Schau zu, daß diese Deine Entwicklung in der alten Richtung weitergeht und laß diese Entwicklung nicht versanden. Wenn Du Gelegenheit hast – Du warst ja auch Ministrant – dann versuche, einen Gottesdienst aktiv mitzugestalten, der dem näher kommt, was Du Dir im großen und ganzen mit Recht von einem Gottesdienst und seiner Gestaltung wünschest.

Mit vielen herzlichen Grüßen

Dein Karl Rahner

So schöne Vorsätze, aber wenn es ernst wird ...

Lieber Pater Rahner!

Ich will Ihnen einen Brief über meine eigenen Probleme und Sorgen schreiben. Um Ihnen eine bessere Möglichkeit zu geben, mich zu verstehen, möchte ich Ihnen zuerst einige wesentliche Situationen meines Lebens beschreiben.

Ich bin der Sohn sehr religiöser Eltern. Mein Vater arbeitet in einer gehobenen Position. In diesem Sinne bin ich erzogen worden. So besuchte ich auch das Gymnasium, worüber ich sehr froh bin, war bei der katholischen Jungschar tätig, sowohl als Ministrant als auch als Gruppenführer. Als ich Neurotiker und depressiver Patient wurde, lieferten mich meine Eltern in die geschlossene Abteilung einer Nervenklinik ein, wo ich die grausamste Woche meines Lebens verbrachte. Der Grund waren ein vorangegangener Selbstmordversuch und mehrere Depressionsausbrüche. Diese Einlieferung bewahrte mich vor dem Militärdienst. Stattdessen fuhr ich für drei Monate nach Israel, wo ich in einem Kibbuz arbeitete. Seither studiere ich Jura in ... mit wenig Erfolg: Ich bin letztes Semester bei der ersten Staatsprüfung durchgefallen. Mittlerweile bin ich einer Studentenverbindung beigetreten, in der ich mich sehr wohl fühle. In diesem meinem Leben sind, sicherlich größtenteils aus eigenem Verschulden, ge-

wisse Eigenschaften hervorgetreten, bei denen ich nicht weiß, wie oder ob ich sie überhaupt überwinden kann. Meine größte Sorge ist, daß ich weder Willen noch Mut oder Kraft habe, mich selbst zu überwinden. Ich bin wie ein Korken auf dem Wasser; ich schwimme, wie die Wellen mich treiben, und das, obwohl ich weiß, daß es nicht der richtige Weg ist. Es fällt mir unendlich schwer, am Abend zuhause zu bleiben. Meistens verbringe ich dann diese Zeit auf der Studentenbude oder bei Freunden, meist beim Kartenspielen, Trinken oder Diskutieren.

Zu allem kommt noch meine Faulheit: Alle meine sicherlich guten Vorsätze, die ich fasse, lasse ich fallen, wenn ich mich anstrengen muß. Schon öfters wollte ich das Rauchen aufgeben, versagte aber jedes Mal. Ich kann mich nicht hinsetzen und lernen, wenn der Hut nicht schon brennt oder besser nicht schon fast verbrannt ist. Der Geist ist willig, der Körper schwach, nach diesem Motto lebe ich. Nach jeder Enttäuschung bin ich ziemlich fertig und depressiv. Dann beginne ich zu trinken und zu träumen von einer besseren Welt. Ich bin schon so weit gefallen, daß ich mich am nächsten Tag nicht einmal schlechter fühle, alles ist mir egal. Ich habe mich an diesen Rhythmus gewöhnt. Jeder Tag beginnt und endet gleich. Ich trinke sehr viel und träume den halben Tag. Ein Gefühl der Ohnmacht ist in mir aufgekommen. Ich möchte zwar etwas gegen meine Fehler unternehmen, nehme aber Anstrengungen nicht in Kauf. So werde ich langsam nutzlos.

Weil ich dennoch etwas sein möchte, betrüge ich mich selbst. Manchmal mache ich mir Dinge vor, die es nicht gibt. Das geht so weit, daß ich oft nicht mehr weiß, ob etwas wirklich ist oder ob ich es mir nur so vorstelle, ob ich mir wünsche, daß es so ist. Vielleicht stehen in diesem

Brief auch Dinge, die nicht wirklich sind, obwohl ich versuche, möglichst objektiv und kritisch zu bleiben. Wenn ich von einer glücklichen und heilen Welt träume, dann fühle ich mich am wohlsten. Oft werden diese Träume zu romantischen Schnulzen, zu einer Flucht vor der Wirklichkeit.

Trotz dieser romantischen Veranlagung, wie manche es nennen, fehlt mir das Einfühlungsvermögen gegenüber anderen Menschen. Als ich noch in der Mittelschule war, war ich Vertrauensperson von vielen meiner Mitschüler. Sie kamen zu mir, erzählten mir ihre Probleme, und ich mußte (sollte) ihnen einen Rat geben. Nachdem ich verschiedene Fehler, wie Undichtheit bei Vertraulichkeiten verschiedenster Art oder auch Anmaßungen, begangen habe, verließen mich ganz plötzlich alle meine Freunde, die mir vertraut hatten. Es war ein großer Schock für mich, und seither habe ich die Fähigkeit, mich in eine andere Person hineinzufühlen – die ich sicherlich gehabt habe – verloren. Manchmal ignoriere ich sogar die primitivsten Regeln des Zusammenlebens, oft erkenne ich sie nicht einmal. Seit dieser Zeit, da ich das Vertrauen dieser Personen verloren habe, habe ich ein übertriebenes Geltungsbedürfnis. Ich versuche mehr zu sein, als ich wirklich bin. Ich möchte meinen Freunden imponieren und enttäusche sie zugleich damit. Ich habe einmal eine Prüfung, die ich bestehen mußte, als bestanden vorgetäuscht, obwohl ich durchgeflogen war. Als meine Bundesbrüder in der Verbindung dies erfahren hatten, forderten sie eine Rechtfertigung von mir, die ich ihnen nicht geben konnte (– am Abend Rausch). Ich kann mich nicht so zeigen, wie ich bin. Ich wäre zu deprimiert. Sicher bin ich auch zu feige dazu.

Vielleicht wäre all dieses leichter zu überwinden, wenn

ich an meinen Kollegen und Freunden nicht so hängen würde. Ein guter Schulkollege im Gymnasium brachte mich zum Weinen, als er mich einmal zum Spaß grundlos nach Hause schicken wollte, nur um mir weh zu tun; vielleicht bin ich zu sensibel. Ich möchte niemanden verletzen und alles aufrechterhalten, was ich mir aufgebaut habe. Ich hänge sehr an der Tradition. Mir wurde oft geraten, um mein Leben in eine andere Bahn zu bringen, einen anderen Ort aufzusuchen, meine Freunde, mein Studium, mein jetziges Leben zurückzulassen. Aber ich bringe es nicht fertig, meine Vergangenheit aufzugeben, weil ich Angst habe, den Kontakt zu meinen Freunden zu verlieren.

Trotz meiner geselligen Art, die ich habe, fällt es mir schwer, meinen nächsten Mitmenschen zu zeigen, daß ich sie gerne habe. Die Beziehung zu einem Mädchen, das ich einmal sehr gerne hatte, brach mit der Zeit ab, weil ich mich nicht getraute, ihr zu zeigen, daß mir an einer engeren Freundschaft viel liegen würde, obwohl ich wußte, daß die Zuneigung nicht einseitig war. Ich hatte Angst, ich würde ein Stück Freiheit, ein Stück meiner Unantastbarkeit, meines „Humphrey Bogarts" hergeben.

Es gelingt mir nur selten, wenn ich mit Freunden zusammenkomme, ein ernstes Gespräch zu beginnen, ein heikles Thema anzuschneiden. Ich kann Abende, an denen nur wenig gesagt wird, nicht ausstehen. Vielmehr werde ich, wenn die anderen nichts sagen, zum Alleinredner und versuche so, alle zu unterhalten. Nur wenn ich alkoholisiert bin, bin ich fähig, mit anderen ernst und wirklich ehrlich zu reden. Als Promillephilosoph bin ich bekannt. Deshalb werde ich von vielen nicht mehr ernst genommen. So erlange ich zwar, weil ich oft eine ganze Runde unterhalte, meistens die Sympathie meiner Mit-

menschen, durch meine angeberischen und aufschneiderischen Bemerkungen und durch die Unfähigkeit, in Gruppen ernst zu sein, kann ich ihnen aber nicht wirklich nahe kommen.

Zu all diesem bin ich nicht fähig, hart zu sein. Ein ungutes Gefühl überfällt mich jedesmal, wenn ich Menschen, die mich um etwas bitten, eine Absage erteile. Deshalb repariere ich allerlei Geräte – ich bin in diesen Dingen ziemlich talentiert –, helfe da und dort, obwohl ich anderes erledigen sollte, das mir weiterhelfen könnte. Ich getraue mich nicht, entliehenes Geld zurückzuverlangen oder jemandem, der mich um eine Zigarette bittet, nein zu sagen, weil ich selbst kaum Geld habe, diese zu kaufen. Obwohl ich einen großen Freundeskreis habe, fühle ich mich sehr verlassen. Ich bin ein Einzelgänger geworden, weil ich niemanden gefunden habe und finde, der mit mir mein Leben teilt und den selben Kampf aufnimmt, den ich führen will. Durch meine Trinkerei und meine ziemlich exzentrische Art und Lebensweise habe ich das Vertrauen der meisten Freunde verloren. Mir fehlt die Demut, die Fähigkeit, Fehler einzugestehen. Meinen Stolz verachten meine Mitmenschen zurecht. Schon in der Mittelschule brachte meine Rechthaberei die Professoren zur Weißglut. Es ist leichter, demütig und bescheiden zu sein, wenn man Erfolg hat und sein eigenes Talent kennt, als wenn jemand durch eigenes Versagen nach Erfolgsgefühlen sucht, und diese, wenn sie nicht vorhanden sind, durch große Reden aufheben will.

Alle diese Probleme und Fehler spiegeln sich auch in meinem Verhältnis zur Kirche wider. Früher war ich begeisterter Ministrant, enthaltsam, sparsam und immer hilfsbereit. Als Vierzehnjähriger verbrachte ich zwei Monate in Irland, wo ich in einem Heim wohnte, um Eng-

lisch zu lernen. Da dieses vom „Opus Dei", einer Laienvereinigung, geführt wurde, wurde dort sehr viel gebetet. Ich war so begeistert, daß ich sofort beitreten wollte, doch ein Priester des „Opus Dei" ermahnte mich, damit noch etwas zu warten. Mit demselben Enthusiasmus wie in Irland, nahm ich an weiteren Veranstaltungen des „Opus Dei" teil: So zum Beispiel bei einem workcamp, wo wir ärmeren Bauern bei der Feldarbeit halfen, oder in Friaul, wo wir am Wiederaufbau der vom Erdbeben zerstörten Häuser arbeiteten, und auch in einem Skilager. Ich wollte sogar Priester werden. Doch fing ich zu trinken und zu rauchen an und wurde immer schwächer und fauler.

Heute besuche ich kaum mehr die Sonntagsmesse, beichte nur mehr vor großen Feiertagen und lasse mich sogar zu Äußerungen gegen Gott und die Kirche hinreißen. Dennoch glaube ich an ihn, bete ab und zu, weil ich überzeugt bin, daß es irgend etwas geben muß, das wir Gott nennen. In meinem kindlichen Glauben bin ich immer glücklich, wenn in mir, wenn ich bete, am Rücken ein Kribbeln aufkommt, weil ich glaube, daß dann Gott in mir ist. Noch heute habe ich den Gedanken Priester zu werden nicht aufgegeben, doch fehlt mir ein Zeichen von Gott, daß er mich als sein Werkzeug braucht. Auch fehlen mir viele Voraussetzungen für diesen Beruf, wie Überzeugung, Kraft, Fleiß, Mut usw. Ich habe Angst, eine solche Entscheidung zu treffen, wohl auch wegen des Zwangs des Zölibats.

Doch ich glaube, daß es unwichtig ist, ob ich Priester werde oder nicht, für wichtig hingegen halte ich, ob ich an meinem Lebensende sagen kann, daß das Leben sinnvoll war. Momentan kann ich das jedenfalls nicht behaupten. Mein Glaube, den ich jetzt besitze, ist nur von meinen Eltern mitgegeben worden, und nicht in mir ge-

wachsen. Ich fürchte mich davor, ihn durch mein nicht gerade vorbildliches Leben ganz zu verlieren, weil ich mich jetzt schon frage, ob Glaube überhaupt notwendig ist. Heute lebe ich nur in den Tag hinein, warte auf ein Zeichen Gottes, das mir hilft, aus diesem Teufelskreis herauszukommen, vorangegangene mit wiederholten Lügen auszubessern, Depressionen und Minderwertigkeitskomplexe durch Trinken abzutöten und zielstrebig meinem Ruin entgegenzugehen.

Selbstverständlich habe ich nicht nur schlechte Eigenschaften. So bin ich sicher sehr musikalisch, hilfsbereit, extrovertiert, und im richtigen Freundeskreis lebensfreudig und humorvoll.

Ich habe schon mit einigen Personen darüber gesprochen, wie ich aus diesem Morast herauskommen könnte, habe aber meist sehr unbefriedigende als Antworten erhalten. Deshalb möchte ich Sie, Pater Rahner, als bekannten und erfahrenen Theologen, bitten, mir Ihre Stellungnahme und Ihren Lösungsvorschlag zu unterbreiten.

Mit freundlichen Grüßen

Matthias

Lieber Matthias!

Du bist erst 21 Jahre alt. Da ist man noch nicht am Ende. Aus Dir kann noch etwas werden. Du hast ja in den ersten 15 Jahren Deines Lebens vernünftig und zielstrebig gelebt, Du hast gute Erfahrungen mit anderen Menschen gemacht, Freunde gehabt, die Dir vertrauten, warst in Irland und Israel und hast dort gesehen, was man leisten kann. Du hast sogar im „Opus Dei" mitgemacht und gemerkt, daß ein intensiv religiöses Leben im Dienste Gottes und der Menschen glücklich machen kann. Warum sollten alle diese guten Erfahrungen in Deinem Leben kein Beweis dafür sein, daß Du wieder in eine Phase kommst, in der Du all das überwindest, was nach Deinem eigenen Empfinden jetzt doch verkehrt in Deinem Leben ist.

Natürlich sind Deine Krankheit und Deine depressive Anlage, die Dich einmal in eine Nervenklinik gebracht hat, sicher Zeichen, daß es für Dich auch Schwierigkeiten gibt, die Dir ohne Deine Schuld auferlegt sind. Aber auch solche Schwierigkeiten können ausgehalten und überwunden werden. Du brauchst Dich nicht aufzugeben. Du bist einmal bei einer Prüfung durchgefallen. Eine Prüfung kann man mit Erfolg wiederholen, weil man vor der ersten Prüfung doch schon irgendetwas in diesem Fach gelernt hat und bei einigem Fleiß so viel dazulernen kann, daß die zweite Prüfung gut ausfällt.

Du empfindest Dich oft, teils ohne Deine Schuld, teils durch Deine Schuld (das läßt sich nicht leugnen) in einem Zustand der Schwäche und Mutlosigkeit, des Gefühls, aus diesem Teufelskreis einfach nicht herauskommen zu können. Da ist zunächst die Gefahr, daß man insgeheim diese sicher bestehende Schwäche und Depressivität zum billigen Vorwand macht, in dieser Situation auch das nicht zu tun, was man noch wirklich tun könnte. Da solltest Du selbstkritisch gegen Dich sein. Du kannst vielleicht wirklich nicht einen ganzen Tag hindurch studieren und Dein Jus büffeln, Du kannst aber mindestens einmal eine halbe Stunde länger vor Deinem Studiertisch sitzen, als Du dazu von vornherein Lust hast.

Du trinkst nach Deinem eigenen Geständnis oft und

zuviel. Du flüchtest in depressiven Stimmungen ins Trinken. Aber Du scheinst doch nicht wirklich ein eigentlicher Alkoholiker zu sein, und darum mußt Du Dir ganz nüchtern und ehrlich sagen, daß Du Dich nicht entschuldigen kannst, wenn Du einfach darauf lostrinkst. Man kann sich beherrschen, man kann Gelegenheiten meiden, in denen man leicht zuviel trinkt. Du bist zum Kartenspielen und zum Trinken auf einer Studentenbude nicht verpflichtet. Du kannst, wenn Du wirklich willst, Dir eine gewisse geregelte Lebensführung auferlegen. Wenn Du zuviel rauchst und zuviel trinkst, weil Du unzufrieden mit Dir bist – wozu Du vielleicht dann und wann durchaus einen objektiven Grund hast –, dann ist eben auch in einer solchen Situation dieser Ausweg nicht der einzig mögliche, das einzige Mittel, um aus einer solchen Stimmung herauszukommen.

Ich habe den Eindruck, daß Du bei Deiner offenbar großen und weiten Veranlagung zu Extremen neigst. Vielleicht kommt Dein Zustand letztlich daher, daß Du in einer falschen Weise zuviel verlangst von Dir. Wenn das hohe Ziel nicht erreicht wird, läßt Du Dich in Depressionen fallen, aus denen sich dann alle diese Dinge entwickeln, die Du in Deinem langen Brief sehr ehrlich und selbstkritisch erzählst. Wäre es nicht möglich, vielleicht eine löbliche Bescheidenheit, einen richtig verstandenen Kult einer normalen Mittelmäßigkeit zu pflegen, mit dem Durchschnittlichen zufrieden zu sein, das Höchste nicht anzustreben, um in das Niedrigste zu verfallen.

Die nüchterne Annahme des Lebens, wie wir es eben doch meistens führen müssen, wo große Stunden und hervorragende Erfolge selten sind, täte Dir vielleicht ganz gut. Und noch etwas: Fang an irgendeinem kleinen, scheinbar bescheidenen Punkt Deines Lebens an, von Dir etwas zu verlangen und zu erfüllen, was Dir vielleicht schwerfällt.

Du brauchst nicht auf einen Schlag ein Heiliger oder der zu werden, der Du gerne wärest in Deinen Träumen. Aber Du könntest mindestens einmal am Tag ein paar Zigaretten weniger rauchen oder einmal ein paar Tage lang pünktlich aufstehen oder Dir eine gewisse Zeit zum Studium abverlangen. Wenn Du dieses oder jenes so von Dir forderst und auch wirklich leistest, auch wenn es scheinbar nur eine Kleinigkeit ist, wirst Du merken, daß Du weiterkommst, daß gewisse Entsagungen (etwas pathetisch gesagt) auch glücklich machen können und nicht in Depressionen oder in die sogenannte Frustration stürzen, von der man heute so viel redet.

Du merkst, daß ich zu Deinem langen Brief eigentlich wenig sagen konnte. So eindrucksvoll Deine Schilderung über Dich selbst ist, so blaß und durchschnittlich ist meine Antwort ausgefallen. Vielleicht kommt das aus einem Mangel an Scharfsinn und Kenntnis anderer Menschen bei mir, vielleicht ist es aber auch ein Anzeichen dafür, daß bei Dir, so problematisch alles auszusehen scheint, im Grunde doch gar nicht soviel fehlt; daß nur nüchtern und mutig dieses und jenes ein wenig zurecht gerückt und besser organisiert werden muß in Deinem Leben, so daß dann eigentlich jene Entwicklung weitergeht, die in Deinem ersten Lebensabschnitt angelegt war und durch diese letzten Jahre noch längst nicht desavouiert ist.

Ich bin überzeugt, aus Dir wird noch etwas Rechtes. In vielen Lebensgeschichten findet sich eine solche Periode, wie Du sie zur Zeit durchmachst. Sie bedeutet noch lange nicht das eigentliche Leitmotiv für das künftige Leben.

Ich denke, wir sehen uns bald wieder und können uns vielleicht weiter unterhalten. Die Hauptsache aber bleibt, wie ich meine: Fang jetzt an, irgendeine kleine, aber doch spürbare Einzelleistung in Deiner Lebensführung fertigzubringen, die in sich, so klein sie zu sein scheint, eben doch die Verheißung trägt, daß Dein ganzes Leben ungefähr so wird, wie Du es in Deinen Träumen Dir ausmalst und wie es auch schließlich Gott von Dir will.

Wenn Du noch einmal einen Brief an mich schreiben willst, dann sag mir auch, zu welcher kleinen Veränderung Du Dich entschlossen hast.

Man sagt so etwas heutzutage nicht mehr gerne, man wird leicht verlegen und fürchtet seine eigenen großen Worte, aber ich will doch zu sagen wagen: ich bete für Dich.

Herzlich

Dein Karl Rahner

Beichten – ja, aber warum bei einem Geistlichen?

Lieber Karl Rahner!

Heute erreicht Sie wiederum ein Brief von mir, nachdem ich Ihnen schon einmal geschrieben habe. Heute suche ich bei Ihnen Rat in einem anderen Problem, das jedoch ebenfalls die Religion betrifft. „Ministrant, christlich erzogen, stinkreich – gerade Du hast es notwendig zu stehlen!"

Diesen Ausspruch und eine lange „Schimpfkanonade" mußte ich als Jugendlicher einmal über mich ergehen lassen. Aber es ist wahr, meine Freunde und ich machten es uns zum Hobby, aus purer Langeweile – wir hatten es durchaus nicht nötig – in Geschäften „abzustauben". Ich wurde von der Polizei in einem Lebensmittelgeschäft gefaßt. Man schickte mich heim, und ich mußte es selbst erzählen. Meine Eltern waren sehr enttäuscht von mir und schickten mich beichten. Ich selbst fühlte mich damals als heldenhafter Kämpfer und Revolutionär gegen die Ausbeutung und den Kapitalismus. Nun sollte ich noch reumütig im Beichtstuhl eine Tat bekennen, auf welche ich stolz war. Um meine Eltern nicht nochmals zu enttäuschen, ging ich beichten. Ich kam mir vor wie in einer „Tragikomödie", denn ich beichtete etwas, das ich im Grunde genommen gar nicht bereute.

Diese Haltung wurde uns jedoch in der Jugend anerzo-

gen. Jedes Jahr wurde man allein schon von der Schule aus gezwungen, zweimal beichten zu gehen. Dies spielte sich ungefähr so ab: Allen Schülern wurde gesagt, daß man übermorgen beichten gehe. Die Lehrer führten uns zur Kirche. Wir kamen alle dran. Einer nach dem anderen verschwand im Beichtstuhl. Die Beichte war jedoch nur das „Herunterrattern" einer auswendig gelernten Beichtformel und einer Litanei von Sünden, welche man zuvor im Religionsunterricht gehört hatte, wie z. B.: „Ich habe meine Schwestern geschlagen, ich habe über meine Eltern geschimpft, ich habe über den Zahnarzt geflucht ..." Gewiß kennzeichnen all diese Fehler und Sünden und auch ähnliche Vergehen unser Leben, da wir Menschen sind. Ist es jedoch sinnvoll, solche Sünden jedes Mal herunterzubeten?

Ich versuche sehr oft, am Abend über mein Verhalten und über meine Fehler des zurückliegenden Tages zu reflektieren. Kann ich nicht direkt bei Gott beichten, indem ich mir meiner Fehler bewußt werde und bereue, sie begangen zu haben, und Wege suche, um dieses negative Verhalten abzubauen? All dies in einem leisen Gespräch, ohne laute Worte Gott mitzuteilen und ihn um Verzeihung zu bitten?

Ist es notwendig, bei einem Geistlichen zu beichten? Sie haben keine Fehler, also wissen Sie vielleicht nicht, wie es ist, in einem Beichtstuhl zu knien und einem Unbekannten das Intimste anzuvertrauen. Als ich zum Beispiel das erste Mal mit einem Mädchen geschlafen hatte, wollte ich es beichten, da vorehelicher Geschlechtsverkehr von der Religion verboten wird. Ich bin in die Kirche gegangen, trat in den Beichtstuhl, und als mein Mund sich öffnete, war es nur um Luft zu holen und den Beichtstuhl wieder zu verlassen. Im gleichen Moment dachte ich mir: „Gott weiß es ja sowieso, und er weiß auch, daß ich es nicht bereut habe, wieso soll ich es dann beichten?" Ich habe es ihm am Abend gesagt in einem kurzen Gebet. Wird die Beichte nicht oft als Alibi-Handlung mißbraucht und vergewaltigt? Ich glaube, daß im Zuge der Technisierung die Beichte an Bedeutung verloren hat, die sie in der früheren, mehr mystischen Zeit hatte. Der Mensch hat die Ehrfurcht verloren, auf Grund eines großen Verlustes an Emotionalität. Der Verstand regiert, und wenn ich das Problem der Beichte von der Seite der Ratio aus sehe, ist es nicht logisch, einem Geistlichen, der von der Kirche zum Stellvertreter Gottes gemacht wurde, mein Intimleben offen darzulegen. Denn Gott sieht ja sowieso alles, und er ist der einzige, der mich bis ins Innerste kennt. Von diesem Standpunkt aus würde auch diese Haltung genügen, nämlich mit Gott allein im stillen Kämmerlein zu sprechen, denn jeder, der nicht Geistlicher ist wie Sie, lebt viel sündhafter und müßte, um eine ehrliche Beichte abzulegen, jeden Tag seine Fehler schriftlich festhalten.

Versuchen auch Sie einmal, wie ein normaler Bürger zu beichten, in irgendeinem beliebigen Beichtstuhl! Wenn Sie dann noch so viel Fehler hätten wie ich, würden Sie dieses Problem vielleicht auch sehen.

Ich hoffe auf eine Antwort und sende Ihnen viele liebe

Grüße, *Ihr Georg*

Lieber Georg!

Die Frage nach der Beichte, dem Bußsakrament und ihrem Sinn ist so kompliziert und vielschichtig, daß, wenn ich dazu Dir etwas schreiben soll, ich in einem kurzen Brief nicht auch noch etwas zum vorehelichen Geschlechtsverkehr sagen kann. Denn diese Frage ist vielleicht noch schwieriger. Auf jeden Fall solltest Du diese Frage aber auch einmal unter dem Gesichtspunkt bedenken, was so etwas für das Mädchen und dessen späteres Leben bedeutet.

Aber bleiben wir bei Deiner Frage nach der Beichte. Selbstverständlich hat es keinen Sinn, im Beichtstuhl Sünden herunterzuleiern und erst recht nicht, wenn man sie ja garnicht bereut. Die eigentliche Pflicht zu einem sakramentalen Sündenbekenntnis ist nach der Lehre der Kirche nur dann gegeben, wenn von der Sache und subjektiven Einsicht und Freiheit her wirklich eine Schuld vor Gott gegeben ist, die das eigentliche, liebende Verständnis zu Gott wesentlich zerstört. (So etwas und nur so etwas ist eine „schwere" Sünde, die nach katholischer Lehre auch durch das Vergebungswort Gottes vergeben werden soll, das wir durch das Wort der Kirche hören.)

Von da aus ist es eigentlich selbstverständlich, daß eine Lausbüberei, ein Dummerjungenstreich, wie Du ihn am Anfang Deines Briefes erzählst, nicht unter diese Pflicht zur sakramentalen Tilgung durch das Wort der Kirche fällt. Ob es sinnvoll sein kann, auch solche „Sünden" zu beichten, ist noch einmal eine andere Frage. Auf jeden Fall hat eine solche Beichte von Verstößen gegen Gottes Gebot, die nicht eigentlich objektiv und subjektiv zugleich schwere Schuld bedeuten, nur dann einen

Sinn, wenn der Beichtende diese Schuld auch wirklich bereut. Ob Du zu jener Zeit, als Du diesen Ladendiebstahl mit Deinen Freunden verübtest, schon in der Lage warst, so etwas wirklich zu bereuen, das kann ich nicht sagen. Aber jedenfalls könntest Du jetzt einsehen, daß man mit solchen Geschichten den Kapitalismus und die Ausbeutung nicht bekämpfen und kein heldenhafter Kämpfer und Revolutionär werden kann.

Du kannst einsehen, daß solche Dinge objektiv Unsinn sind, auch wenn Du subjektiv dies damals nicht einsehen konntest. Auch sonst hat es natürlich keinen Sinn, in der Weise eines „Herunterratterns" einer auswendig gelernten Beichtformel seine Sünden zu bekennen. Solche Dinge sind eine Perversion dieses Sakramentes. Ich kann jetzt natürlich keine Abhandlung darüber schreiben, wie ein guter Religionsunterricht und eine Anleitung zu einer häufigen Beichte junger Menschen zu gestalten wäre, damit solche Verderbnis in der Beichtpraxis vermieden werden kann. So wie Ihr das früher getan habt, vielleicht angeleitet durch eine religiös und pädagogisch schlechte Beichtpraxis von Seiten der Religionslehrer, ist so etwas natürlich ein Unfug. Jetzt aber bist Du erwachsen und solltest ein erwachsenes und christliches Verhältnis zu diesem Sakrament zu gewinnen suchen.

Natürlich kann man Gott auch außerhalb des Bußsakramentes jene Taten bekennen, die in irgendeiner größeren oder geringeren Weise gegen den Menschen und gegen unser Verhältnis zu Gott und seine heilige Liebe verstoßen. Es ist auch Lehre der Kirche, daß dort, wo eine solche Umkehr aus Liebe zu Gott geschieht, die Vergebung der Schuld durch Gott schon eintritt. Damit ist aber das sakramentale Geschehen der Beichte vor dem Vertreter der Kirche noch nicht sinnlos. Es ist, richtig gesehen, die dem Wesen des Menschen und eines Gliedes der Kirche entsprechende Weise, in der dieser Vorgang innerer Umkehr zu Gott hin zur Vollendung gelangt.

Zunächst einmal ist es selbstverständlich, daß auch die Priester Sünder sind und ihre Sünden der Kirche im Bußsakrament bekennen sollen. Hoffentlich tun sie das auch. Ich glaube, daß im großen und ganzen diese Häufigkeit der sakramentalen Buße bei Priestern größer ist als bei den meisten der sogenannten Laien. Es wundert mich auch, daß Du meinst, ein solches Bekenntnis des sündigen Christen vor der Kirche sei sinnlos. Hast Du noch nie gehört, wie viele Menschen heute in ihren inneren Nöten und Bedrängnissen mit sich selber nur fertig werden, wenn sie versuchen, ihre inneren Zustände sich selber verständlich und überwindbar zu machen, indem sie sich mit einem Psychologen oder Psychotherapeuten oder Tiefenpsychologen aussprechen? Auch auf den Couchen dieser Psychologen kann viel Unsinn geschehen, und hoffentlich hast Du es nie nötig, zu solchen „Eröffnungen" Deine Zuflucht zu nehmen, und tust so etwas nur dann, wenn es psychisch und menschlich notwendig ist. Aber diese immer mehr sich ausbreitende Praxis solcher seelischen Eröffnungen zeigt doch zumindest, daß der Mensch im normalen Fall nicht so selbstherrlich mit sich fertig werden kann, wie Du es für Dich offenbar ein wenig zu selbstverständlich hältst.

Frage Dich einmal, ob dieses echte, selbstkritische, umkehrende Bekenntnis, das der Ernsthaftigkeit und Radikalität einer Schuld vor Gott wirklich entspricht, bei Dir so oft vorkommt, wie Du es in Deiner Polemik gegen das Bußsakrament großartig voraussetzt. Ich möchte das ein wenig bezweifeln. Wenn Du in der Mitte Deiner Existenz bei wirklich schwerer Schuld begriffen hättest, daß die vom Menschen her an und für sich gar nicht aufhebbare Schuld eine Vergebung von Gott her nötig hat, eine Vergebung, die der freien Liebe Gottes entspricht, wenn Du begriffen hättest, daß man mit Gott, dem heiligen, unbegreiflichen Gott, nicht so leichtsinnig umspringen kann in seinem Leben, wie es nur zu viele meinen (die im Grunde genommen doch stillschweigend voraussetzen, daß, was zeitlich vergangen ist, auch vor Gott nicht mehr bestehe), dann meine ich, würdest Du doch eher Verständnis dafür haben, daß es eine wunderbare Sache ist, etwas ähnliches zu erfahren wie die Sünder im Evangelium. Jene Sünder, denen Jesus sagt: Deine Sünden sind dir vergeben. Wobei dann die Umstehenden erstaunt und erschüttert fragten: Wer kann denn Sünden vergeben außer Gott? Außer dem Gott, dessen Vergebung nicht so selbstverständlich und billig ist, wie Du dies vorauszusetzen scheinst. Und zwar in einer (entschuldige, mir kommt es eben so vor) billigen Selbstzufriedenheit noch dort, wo Du sagst, Du habest gesündigt.

Dazu kommt noch etwas: Bedenke einmal, daß eigentlich alle Schuld, und mag sie noch so sehr im Herzensgrund verborgen zu sein scheinen, auch Schuld gegen den Nächsten ist. Das gilt erst recht bei den Sünden, die unmittelbar und greifbar die Nächstenliebe verletzen, was bei den meisten Sünden ja offenkundig ist. Aber es gilt im Grunde genommen auch bei solchen Sünden, die einer privaten Innerlichkeit allein anzugehören scheinen. Auch schlechte Gedanken, auch frei zugelassener Egoismus, auch böser Stolz und alle solche Dinge (Jesus hat das betont) wirken sich im Menschen letztlich auch in seinem Verhältnis zum Nächsten aus. Wenn nun jemand die gesellschaftliche Dimension – wenn wir so sagen dürfen – seiner Schuld sieht und ernst nimmt, sollte er verstehen, daß sich seine Schuld auch immer gegen die heilige Gemeinschaft der Kirche richtet, daß also auch von daher ein Vergebungswort der Kirche, der heiligen Gemeinschaft der Menschen in Gott, sinnvoll und bedeutsam ist. Das Zweite Vatikanische Konzil hat ausdrücklich gesagt, daß im Bußsakrament die Schuld des Menschen gegen Gott und die Kirche in einem vergeben wird.

Ihr jungen Leute von heute behauptet doch immer, ein tieferes und radikaleres Verständnis für die Gesellschaft, für eine politische Theologie, für Gesellschaftskritik, für die Aufgaben der Völkergemeinschaft usw. zu haben, als wir Individualisten vergangener Zeiten. Ich meine, es würde nicht schaden, wenn Ihr auch im Blick auf das Bußsakrament so ein wenig etwas wie (richtig verstanden) religiöse Sozialisten würdet.

Ich habe jetzt längst nicht alles über das Bußsakrament der Kirche, seine Bedeutung und Stellung im religiösen Erleben eines wirklichen Christen gesagt. Aber wenn Du bei den Andeutungen anfängst, die ich geschrieben habe, und wenn Du Dir auch den Ernst des Lebens eines Menschen vor Gott und seiner unbegreiflichen Heiligkeit allmählich durch weitere Lebenserfahrung innerlich deutlicher zu eigen machst, dann, meine ich, könntest Du ein positiveres und lebendiges Verhältnis auch zum Bußsakrament gewinnen. Über alle schlechten Erfahrungen hinaus, die Du in Deinen Kinderjahren mit dieser Gabe des österlichen Jesus für seine Kirche gemacht hast.

Mit allen guten Wünschen Dein Karl Rahner

Schuldgefühle hatte ich hinterher nie

Lieber Pater Rahner!

Ich studiere Theologie und stehe kurz vor den Abschlußprüfungen. Später möchte ich in den Schul- und Pastoraldienst treten. Ich habe eine gläubige Erziehung erhalten, mein Vater ist kirchlich sehr engagiert. Mit sieben Jahren wurde ich Ministrant, seither war ich in verschiedenen Jugendgruppen, immer in Kontakt mit kirchlichen Personen und Institutionen. Zu einigen aufgeschlossenen Priestern hatte und habe ich sehr guten Kontakt. Mein Leben ist also geprägt von gläubigen Personen und persönlichen Erlebnissen auf kirchlichem Hintergrund.

Und da liegt mein Problem: Mit fünfzehn Jahren lernte ich meine erste Freundin kennen. Wir waren noch nicht achtzehn, da schliefen wir zusammen. Die Beziehung, die sehr fest war, ging mit einundzwanzig auseinander, weil unsere Lebensauffassungen und unsere Lebensweise zu verschieden waren.

Dann lernte ich noch zwei Mädchen kennen, mit denen ich auch ein wenig sexuellen Kontakt hatte. Meine jetzige Frau lernte ich vor zweieinhalb Jahren kennen, wir verlobten uns vor einem Jahr. Während der Verlobungszeit wurde meine Frau schwanger und wir heirateten (das wollten wir später ohnehin). Wir sind sehr glücklich miteinander und freuen uns über unser Kind.

Ich habe nie Schuldgefühle gehabt, wenn mir auch manche Unbesonnenheit zu Bewußtsein gekommen ist und ich in der Beichte eine ehrliche Konfrontation nicht gescheut habe.

Ich möchte Sie fragen: Ist das alles eine schwindende Moral? Oder ist hier ein Umschwung im Gang, ein ganz großer, hinter dem die Kirche (die offizielle) noch lange nachhinkt?

Wie sehen Sie das Problem von vorehelichem und in diesem *Sinn auch oft außerehelichem Geschlechtsverkehr, wenn die Zuneigung wirklich sehr groß ist, vielleicht nur durch äußere Umstände eine Ehe noch nicht geschlossen werden kann? Kann die einzige Antwort auf, die lange Zeit zwischen Geschlechtsreife und der materiell und ausbildungsmäßig bedingten Möglichkeit zu einer Heirat nur mit ‚Askese' beantwortet werden, gerade in den Fällen, wo die Beziehung derart tief ist, daß früher bei kürzerer Ausbildungszeit eine Heirat selbstverständlich gewesen wäre? Welche Fragen müßten sich zwei Nichtverheiratete stellen, wenn sie ihre Beziehung auch in dieser körperlichen Weise ausdrücken wollen?*

Ich bin nicht allein mit diesem Problem – viele Freunde von mir handeln ähnlich oder finden zu wenig wirkliche Hilfe, um sich orientieren zu können.

Bitte, zeigen Sie uns Möglichkeiten der Orientierung!

Herzliche Grüße

Bertram

Lieber Bertram!

Du hast, das merkt man aus Deinem Brief, gut Theologie studiert, und es gelingt Dir verhältnismäßig leicht, all die Fragen, die heute einen Christen hinsichtlich der Geschlechtsmoral beschäftigen und bedrängen, fast auf einer kurzen Seite zusammenzuballen. Aber Du wirst hoffentlich auch verstehen, daß man so kurz, wie Du fragst, nicht antworten kann. Ich weigere mich darum, auch nur den Versuch zu machen, diese Fragen zu beantworten und dabei (was notwendig wäre) sowohl der psychologischen und gesellschaftlichen Situation eines Menschen von heute als auch der traditionellen Lehre der Kirche gerecht zu werden. Wobei natürlich weder über die schwindende Moral bei jungen Menschen gejammert werden dürfte, noch widerwillig auf einen Umschwung in der Lehre der Kirche gesetzt werden soll, von dem man auch nicht weiß, wo dessen Grenzen eigentlich liegen sollten.

Erlaube mir nur (mehr kann und will ich hier nicht tun), Dir einige Fragen zu stellen. Ich wundere mich, daß Du apodiktisch bezüglich Deines früheren Lebens auf diesem Gebiet erklärst: „Ich habe nie Schuldgefühle gehabt." Worin bestand dann eigentlich die „ehrliche Konfrontation" (mit Dir, mit Deinem Leben), die Du nach Deinen Worten in der Beichte nicht gescheut hast? Hast Du genügend darüber nachgedacht, was durch Eure gemeinsamen Erlebnisse, für die Du doch verantwortlich bist, aus Deinen früheren Freundinnen geworden ist? Ist das alles auch in deren Leben so einfach gegangen und ohne schwere Erschütterung und tiefe menschliche Wunden abgegangen, wie Du dies vorauszusetzen scheinst? Ich freue mich, daß Du jetzt in einer glücklichen Ehe lebst. Aber kannst Du Dir einfach in jeder Hinsicht harmlos Dein Verhältnis zu Deiner jetzigen Frau in den zweieinhalb Jahren vor Eurer Ehe verzeihen, wenn Du doch denken mußt, daß diese „Verlobungszeit" durch den Mangel an Unbedingtheit (der doch gegeben war, wenn Du an Deine vorausgehenden Freundinnen denkst) mindestens einmal für Deine, Gott sei Dank, jetzt geliebte und in Treue geachtete Frau auch ganz anders hätte ausgehen können?

War denn dieses Verhältnis zu Deiner Frau vor Eurer Ehe wirklich von vornherein derart „tief", wie Du schreibst, wenn Du Dir bezüglich Deiner früheren Freundinnen so harmlos unbefangen vorkommst? War Dein Verhältnis zu diesen anderen Mädchen auch so „tief"? Wenn ja, dann dürftest Du doch nicht so ruhig und selbstbewußt über das Verhältnis zu ihnen denken, wie Du es tust; wenn nein, wie konntest Du dann so einfach eine so intime Beziehung mit ihnen eingehen, wie es das „Zusammen-Schlafen" mit 18 Jahren doch ist? Hast Du in Deiner jetzigen Tätigkeit nicht doch auch schon Erfahrungen gemacht, die Dich eigentlich dazu bringen sollten, über Dein früheres Leben evtl. doch noch einmal ernsthafter zu reflektieren und auch die traditionelle kirchliche Geschlechtsmoral nicht einfach durch einen schnell postulierten „Umschwung" außer Kraft zu setzen?

Selbstverständlich weiß ich, daß auf die vielen Fragen, die Du in Deinem Brief stellst, damit noch längst nicht eine wirklich genügende Antwort gegeben ist. Aber Du bist ja ein Theologe, der theologische Bücher lesen kann. Es gibt doch auch über eine muffige und altmodische Moraltheologie vergangener Zeiten hinaus ernsthafte Theologen und ernsthafte und ehrliche Bücher über diese Fragen. Setze Dich mit ihnen auseinander. Prüfe, was darin steht. Prüfe Dein eigenes Leben, dann wird Dir durch Studium und Lebenserfahrung gewiß ein Komplex von Normen der Geschlechtsmoral zuwachsen, mit dem Du in Deinem eigenen Leben und in Deiner Arbeit mit jungen Menschen ehrlich der heutigen Zeit gegenüber und in aufrichtiger Annahme dessen, was in der kirchlichen Ehemoral heute wirklich verbindlich ist, zurechtkommen kannst.

Es tut mir leid, daß ich in einem solchen Brief nicht mehr schreiben kann. Aber Du bist gescheit und wohlwollend genug, um die Unmöglichkeit, mehr in einem kurzen Brief zu sagen, einzusehen.

Alle guten Wünsche für Dich, Deine Ehe, Dein Kind und Deine Arbeit,

Dein Karl Rahner

Zwei Möglichkeiten, dem Leben einen Sinn zu geben

Sehr geehrter Herr Professor Rahner!

Weil ich mich in letzter Zeit intensiv mit Fragen über den Sinn des Lebens beschäftigt habe, möchte ich dazu gerne die Meinung eines erfahrenen Erwachsenen und zudem eines Vertreters der Geistlichkeit hören.

Ich habe folgende Theorie aufgestellt: Das Leben eines Einzellers hat für ihn selbst sicher keinen Sinn. Hingegen hat es für Lebewesen einer höheren Entwicklungsstufe, etwa die Menschen, durchaus einen Sinn, welcher Sinn es im speziellen Fall auch sein mag. Diese Tatsache kann man vernünftigerweise als Glied einer unendlichen und zeitlich nicht beschränkten Folge betrachten, woraus sich schließen läßt, daß jede Erscheinungsform des Lebens nur von höherer Stufe betrachtet – indem nämlich beispielsweise die gesamte Menschheit als Glied dieses unendlichen Systems gesehen wird – einen objektiven Sinn hat.

Für den einzelnen bieten sich daher meiner Meinung nach nur zwei Möglichkeiten, dem Leben einen objektiven Sinn zu geben (subjektive Möglichkeiten gibt es sicher viele, wie z. B. Nikotin, Alkohol, Geld, Arbeit). Eine erste Möglichkeit wäre: in einem System etwas zu erreichen oder zu tun, das ewigen Bestand hat; zum Beispiel Ruhm, den man dadurch erwirbt, daß man eine Leistung vollbringt, die in die Geschichte eingeht.

Die zweite, vielleicht einfachere Möglichkeit bestünde in dem Glauben, daß wir zwar untergeordnete Teile eines Systems sind, dieser Zustand aber mit dem Ende irdischer Existenz gleichfalls beendet wird und sich ein Zustand außerhalb des dimensional engbegrenzten Systems ergibt, der dann als objektiver Sinn des Lebens, das Durchgangsstation ist, dasteht. Dieser Weg ist zwar risikoreicher, in der Durchführung jedoch bequemer. Ich habe mich dennoch dafür entschieden und suche nun ein paar rationale oder theologische Argumente für diese Theorie.

Im voraus vielen Dank für die Mühe, die Sie sich machen,

Karl

Lieber Karl!

Ich finde es interessant, wie Du in Deinen jungen Jahren zu philosophieren beginnst. Die meisten Jungen in Deinem Alter sind ja zu so etwas viel zu bequem. Freilich müßtest Du bei Deiner Philosophie, bei der Du jedem einzelnen Seienden einen bestimmten Platz in einem „System" anzuweisen suchst, bedenken, daß der Mensch darum nicht einfach *nur* ein einzelnes untergeordnetes Stück eines höheren Gesamtsystems ist, sondern letztlich durch sein Wissen vom System selber noch einmal ein ganz anderes Verhältnis zum Ganzen der Wirklichkeit hat. Ein anderes Verhältnis jedenfalls als das einem Teil eigen ist, welcher eben nur ein Teil des Systems ist, der vom Ganzen nichts weiß und darum auch keine eigene, wissende, frei verantwortliche Stellungnahme zum Ganzen hat. Dazu kommt, daß der Mensch – insofern er auch zum umfassenden Urgrund aller Wirklichkeit ein wissendes und liebendes Verhältnis hat oder haben soll – zu dem Urgrund, den wir Gott nennen, noch einmal in einer ganz anderen Weise die „Sinnfrage" stellen und beantworten kann und muß, als diejenigen Wirklichkeiten des gesamten Weltsystems, die von vornherein im untermenschlichen Bereich auch in ihrer begrenzten Wirklichkeit eingeschlossen sind.

Natürlich ist der wahre Sinn für den Menschen nicht nur in Nikotin, Alkohol, Geld, Arbeit zu suchen, aber auch nicht in Ruhm und in einer Leistung, die in die Geschichte eingeht, da all diese Dinge im Grunde vergänglich sind und keinen „ewigen Bestand" haben. Der letzte, wahre und endgültige Sinn liegt für den Menschen aufgrund seiner (eben angedeuteten) Offenheit – in Geist und Freiheit – auf die Ganzheit aller Wirklichkeit und auf ihren göttlichen Urgrund hin darin, daß – wie wir mindestens einmal durch die christliche Offenbarung wissen – dieser unendliche, letztlich allein in sich selbstverständlich sinnhabende Urgrund, sich dem Menschen in Gnade und in dem, was wir die unmittelbare Anschauung Gottes nennen, mitteilen will.

Ich meine, daß, wenn Du Deine am Ende des Briefes angedeutete Theorie Deines Lebens wirklich ernst nimmst und auch zuende denkst, Du eigentlich Verständnis für die Deutung der Gesamtwirklichkeit und des menschlichen Lebens erreichen kannst, die der christliche Glaube uns anbietet.

Herzliche Grüße

Dein Karl Rahner

Wenn ich mir vorstelle, berufsmäßig von Gott reden zu müssen

Sehr geehrter Pater Rahner!

Ich möchte von der Frage ausgehen und die Erklärung dann anfügen. Meine Frage: Was ist wichtiger, die Liebe oder die Begabung für einen Beruf, und kann das eine das andere ersetzen?

Ich bin 19 Jahre alt und besuche seit einigen Monaten die Fachhochschule für Religionspädagogik mit dem Ziel, Religionslehrerin zu werden. Diese Entscheidung traf ich plötzlich, nachdem ich mich vergeblich um eine andere Ausbildungsmöglichkeit bemüht habe. Ich wußte zunächst zwei Monate nicht, wie es mit mir weitergehen soll. Innerhalb von zwei Tagen entschloß ich mich dann für die Religionspädagogik. Seit Ende November kommen mir aber Zweifel, und ich frage mich, ob Religionslehrer der richtige Beruf für mich ist. Ich versuche diese Frage immer wieder zu verdrängen, wie ich überhaupt gerne etwas verdränge, habe mir aber jetzt fest vorgenommen, bis Ostern eine Entscheidung zu treffen. Deshalb würde ich mich über Ihren Rat sehr freuen.

Warum bezweifle ich, daß dieser Beruf der richtige für mich ist? Ich möchte mich eher als ruhig und kontaktarm bezeichnen. Es fällt mir jedenfalls schwer, meine Gedanken in Worte zu fassen und das auszudrücken, was ich sagen möchte (besonders beim Reden). Menschen, die mich genau kennen, wissen zwar, wie ich etwas meine, den Kindern aber (ich möchte einmal vor allem in der Grundschule Unterricht geben) könnte ich das Wesentliche unseres Glaubens sicher nicht mitteilen.

Ein zweiter Grund ist, daß ich Angst davor habe, abzustumpfen. Als hauptamtliche Religionslehrerin müßte ich 24 Stunden in der Woche unterrichten. Das sieht zwar nach nicht so viel aus, aber es sind 12 Klassen, und zwar jeweils drei Parallelklassen. Das heißt, daß ich in drei Klassen immer dasselbe unterrichten müßte, auch wenn sich die Stunden anders aufbauen ließen.

Muß man da nicht abstumpfen? Gelingt es, noch beim dritten Mal genauso spannend zu erzählen? Meine Überzeugung ist: nein. Ich glaube, daß es mir nicht gelingen wird, trotz aller Liebe zu den Kindern und zum Beruf. Ich kenne das Lied: „Immer auf Gott zu vertrauen ..." Genügt das? Und die Sehnsucht, Kindern ein wenig von Gottes Liebe zu uns Menschen mitzuteilen? Andere Voraussetzungen bringe ich leider nicht mit.

Ich bin froh, daß ich Ihnen diesen Brief schreiben durfte, da ich gezwungen war, all das zu formulieren, was mir schon lange auf dem Herzen liegt.

Herzlichen Dank

Gabriele

Liebe Gabriele!

Natürlich bringt der Beruf, auf den Du zur Zeit hinstrebst, für Deine Veranlagung auch Schwierigkeiten. 24 Stunden Religionsunterricht sind keine kleine Sache. Ich weiß, daß die Gefahr einer seelenlosen Routine immer neu überwunden werden muß. Aber mir scheint, daß ich aus Deinem Brief eine ernsthafte Gläubigkeit herauslesen kann. Du schreibst ja, daß Du Sehnsucht hast, „Kindern ein wenig von Gottes Liebe zu uns Menschen mitzuteilen". Damit sind eigentlich die entscheidenden Voraussetzungen für Deinen Beruf gegeben und alle anderen Schwierigkeiten, die ich gewiß nicht bagatellisieren will, sind doch überwindbar. Warum solltest Du nicht lernen, vor Kindern das zu sagen, was Dich innerlich erfüllt? Du warst, wie ich höre, Leiterin einer Jugendgruppe. Da hast Du sicher die Erfahrung gemacht, daß Du mit jungen Menschen umgehen kannst und Deine „Kontaktarmut" vielleicht nicht so schlimm ist, wie Du sie einschätzt. Ruhe, Bescheidenheit und ähnliche Eigentümlichkeiten, die Du als Schwierigkeiten für diesen Beruf einschätzt, können darin durchaus positiv eingesetzt werden.

Natürlich weiß ich nicht, ob Dir (Du bist ja kaum Zwanzig) noch andere Erfahrungen, die Du bisher nicht gemacht hast, begegnen werden und dann vielleicht doch eine Änderung in Deinen bisherigen Plänen nahe-läge. Mit so etwas kannst Du ruhig rechnen, aber auch gelassen abwarten im Vertrauen auf Gott und seine Führung, von der Du ja selber schreibst.

Mit guten Wünschen und herzlichen Grüßen

Dein Karl Rahner

Ich kann nicht allein sein

Lieber Pater Rahner!

Ich weiß nicht, ob Sie sich noch an das weißgekleidete Mädchen, das Ihnen bei der Geburtstagsfeier in unserer Gruppe das Geschenk überreichte, erinnern können. Dieses Mädchen war ich. Als ich vor einer Woche unseren Jugendpater besuchte, sprachen wir über einige sehr ernste Probleme, für die ich einfach keine Lösung fand. Er meinte, daß ich mich damit ruhig an Sie wenden könnte, da dies auch Dinge wären, die sicher viele junge Menschen beträfen.

So erlaube ich mir, Ihnen ein bißchen von mir und meinen Fragen zu erzählen. Ich bin 20 Jahre alt, studiere Theologie und möchte Pastoralassistentin werden. Vor einem Jahr bin ich von zuhause ausgezogen und habe jetzt eine eigene kleine Wohnung. Diese Freiheit habe ich am Anfang sehr genossen, jetzt aber wird sie mir zum Problem. Ich habe viele Freunde, die ich sehr gern mag und die mich auch gern haben. Sie wohnen größtenteils noch bei ihren Eltern und kommen mich daher oft besuchen. In den letzten Monaten ist das so ausgeartet, daß jeden Abend viele Leute da waren und immer etwas los war.

Ich bin sehr froh, daß diese Menschen Vertrauen zu mir haben, daß sie wissen, von mir immer (wirklich immer) aufgenommen zu werden. Aber dadurch habe ich es einfach verlernt, allein zu sein und eigentlich auch verlernt, Stille zu haben, um richtig beten zu können. Ich bin sehr unruhig und nervös geworden, meine Beziehungen gehen drunter und drüber, ich schlafe zu wenig und vieles andere mehr.

Auf der anderen Seite hielte ich es einfach nicht aus, wenn einmal niemand käme, wenn nichts „passierte". Außerdem schaffe ich es nicht, jemanden wegzuschicken und ihm zu sagen, daß ich auch mal allein sein will. Es sind eben oft auch Menschen, von denen ich weiß, daß sie einsam sind, Hilfe brauchen, mich brauchen.

Es ist sehr schwer für mich, eine Lösung zu finden, weil ich auch merke, wie sehr ich selber die Menschen brauche, wie ich ohne sie nicht auskommen kann, obwohl ich spüre, daß es mich auf die Dauer kaputtmacht.

Ich möchte wirklich gerne wieder einmal still sein, wieder beten können, nur finde ich den richtigen Weg nicht, weil ich meine Freunde nicht verlieren will, weil ich den Menschen ehrlich helfen möchte.

Ich wollte Ihnen das einfach erzählen und würde mich über ein paar Zeilen sehr, sehr freuen.

Herzliche Grüße

Irmgard

Liebe Irmgard!

Sehr gut erinnere ich mich noch an Dich bei der Geburtstagsfeier.

Ich meine, Dein Problem ist genau genommen und vielleicht etwas auf sein letztes Wesen reduziert, das Problem der echten menschlichen Freiheit. Schau, wenn die

Freiheit dort, wo sie echt und lebendig ist, einfach darin bestünde, das eine zu tun und das andere schlechthin zu lassen, dann wäre es mit dem menschlichen Leben relativ leicht bestellt. Natürlich gibt es gewisse Situationen für die menschliche Freiheit, in denen eine eindeutige, harte Entscheidung für oder gegen etwas getroffen werden muß. Man kann nicht zwei Menschen auf einmal heiraten. Selbstverständlich muß man unter Umständen – zum Beispiel wie ich – das Rauchen aufgeben, wenn die Gefahr besteht, dem Laster des Rauchens zu verfallen. Wenn einer Kartäuser wird, dann schlägt er bis zu einem gewissen Grad die Türe zu vielem, das im Leben anderer Menschen durchaus rechtmäßig vorkommt, radikal zu.

Kurz und gut, es gibt viele Entscheidungen der Freiheit, die schlechterdings ein glattes, hundertprozentiges Ja oder Nein bedeuten. Aber sehr oft verhält es sich doch auch anders, und die andere Situation der Freiheit muß eben gesehen, angenommen und durchgestanden werden.

Das soll sagen: sehr oft ist es dem Menschen nicht nur praktisch verwehrt, sondern auch verboten, solche einfache, hundertprozentige Entscheidungen zu treffen. Ein Ordensmann, zum Beispiel entschließt sich durch sein Gelübde, arm zu sein. Er hat aber trotzdem ein warmes Zimmer, ordentliche Wäsche und bekommt vielleicht ein besseres Mittagessen als viele andere, die in einer viel bittereren Weise arm sind als er. Das ist nicht nur so, sondern darf und muß so sein.

Allgemeiner gesagt: Das Leben ist meist ein nicht vermeidbares Gemisch gegensätzlicher Wirklichkeiten. Du sitzt vielleicht einmal einsam in einer stillen Kirche, dann gehst Du wieder einmal tanzen, wo viele Leute durcheinanderwirbeln und ein totaler Krach gemacht wird. Einmal gehst Du allein spazieren, ein andermal ist jemand bei Dir, dessen Gegenwart Dich erfreut und tröstet. Wir müssen einsehen, daß wir in sehr vielen Fällen unserer Lebensgestaltung auf ein solch merkwürdiges Gemenge in unserem Leben gar nicht verzichten können und auch nicht sollen.

Doch jetzt fängt das Problem eigentlich erst an, das auch Deines ist. Es wäre leicht, wenn Du in ein Karmelitenkloster gehen und auf alle Deine bisherigen Freunde verzichten würdest. Es wäre leicht, wenn Du Dich einfach in dem ungesteuerten und unverantworteten Getriebe Deines Lebens verlieren wolltest. Aber Du darfst weder das eine noch das andere tun. Vielmehr mußt Du, soweit das möglich ist, ein vernünftiges Gemenge (wenn ich so sagen darf) von den gegensätzlichen Dingen in Deinem Leben zustandebringen. Das ist gewiß sehr schwer.

Es gibt z.B. Leute (leider gehöre ich nicht dazu), die durchaus sinnvollerweise sagen, daß sie ab und zu zu ihrer Entspannung und zu ihrem Genuß sich eine Zigarette gestatten, die aber trotzdem nicht Kettenraucher werden. Ein solcher Lebensstil ist – wenn auch nicht für jeden angebracht und geboten – durchaus eine sinnvolle Weise des Genusses. So gibt es auch in Deinem Leben, wie Du selber merkst, Gegensätzliches zu vereinen und richtig zu gestalten. Dazu gehört, daß man mitunter entschieden verzichten kann und sich jedoch gleichzeitig diesen Verzicht nicht in einem einseitigen Radikalismus leicht macht. Darin, meine ich, liegt eigentlich Dein Problem.

Du mußt Mut und Entschlossenheit finden, wirklich zu studieren, auch alleinsein zu können, Dich nicht ständig von Freunden und Bekannten in Beschlag nehmen zu lassen, sie unter Umständen energisch hinauszuwerfen, wenn Du Wichtiges zu tun hast. Du darfst Dir aber auch das Leben nicht billig machen wollen, indem Du als Einsiedlerin lebst. Sorge mit einer gewissen verantwortungsvollen Energie dafür, daß Du zu dem Schlaf kommst, den Du brauchst, gib Dir im voraus gewisse Regeln für Deine Lebensführung, die Du dann auch wirklich einhältst, und kontrolliere Dich diesbezüglich.

Der heilige Ignatius von Loyola hat beim Finden solcher Verhaltensnormen den Hinweis gegeben, man solle gewissermaßen in der einen Situation die Regeln für die andere Situation zu finden suchen. Wenn man brüllenden Hunger hat, sollte man sich nicht fragen, wieviel man vernünftigerweise essen solle. Diese Frage wäre zu stellen, wenn man keinen besonderen Hunger hat. Empfindet man mitten im Getriebe der Menschen Sehnsucht nach Einsamkeit, ist vielleicht die Situation gegeben, sich zu fragen, wie man sich eine solche Einsamkeit und Stille erkämpfen könnte. Dieses gesteuerte, bis zu einem gewissen Grad geplante Gemenge in dem Leben, das man führen soll, ist eine immer neu zu bewältigende Aufgabe, die schwieriger ist als eine einzige, mit Fanatismus gelebte Lebensart.

Du darfst nicht Deine Freunde verlieren wollen und darfst nicht ein Mensch werden, der nicht mehr still sein und beten kann. Ein Rezept für dieses Gemenge Deines Lebens kann ich Dir nicht geben. Dieser sozusagen dialektische Lebensstil muß von Dir selbst gefunden werden. Man muß improvisieren können und gleichzeitig sich gewisse Normen geben, die man durchhält. Mach vielleicht einmal Exerzitien, in denen Du aus Deinem normalen Leben von Einsamkeit und Betrieb heraustrittst, damit Du so beide Ingredienzien Deines Lebens nüchtern, selbstkritisch vor Gott prüfen kannst und dabei vielleicht besser erkennst, wie diese Mischung Deines Lebens, die Deine Aufgabe ist, wirklich von Dir gefunden werden kann.

Wenn Du jetzt allein wohnst, bist Du mehr als früher für Dich selbst verantwortlich, und diese Deine eigene Wohnung ist gewissermaßen das Feld der Erprobung eines verantwortlichen Lebensstils, in dem verschiedenes, sogar Gegensätzliches, eine Aufgabe ist, in der eine letzte verantwortbare Harmonie dieses Gegensätzlichen gefunden werden kann.

Mit herzlichen Grüßen

Dein Karl Rahner

Ohne Illusionen ist das Leben unerträglich

Lieber Pater Rahner!

Ich habe viele Fragen und finde keine Antwort. Letzten Endes muß ich wohl selbst Antworten finden, indem ich meinem Gewissen folge. Aber ich brauche jemanden, der mir seine Hand reicht.

Wie kommt es, daß ich jedem Menschen, der – auch in einem Buch – eine eigene Anschauung oder gar Ideologie nur halbwegs glaubhaft vertritt, dankbar bin, ihm begegnet zu sein? Ich glaube dann, ein Stück mehr von der „Wahrheit“ zu wissen.

Manchmal bilde ich mir ein, ich könne mir eine eigene Ideologie aufbauen: ich will glücklich werden, ohne anderen Menschen zu schaden. Das klingt sehr einfach, und das ganze Problem etwa mit vorehelichen sexuellen Beziehungen wäre beseitigt. Manchmal rede ich mir krampfhaft ein, daß ich – wenn ich mit jemandem schlafe und zu jemandem zärtlich bin – doch nur Gutes tun kann. Im Grunde bringt mir aber das alles eigentlich nie die Erfüllung, von der immer geredet wird.

Ich habe Angst vor der Wirklichkeit und bin manipulierbar. Ich weiß, daß man sich den Glauben an Gott täglich selbst erarbeiten muß – und weiche dem aus. Außerdem habe ich Angst vor den Forderungen wie Keuschheit, Selbstlosigkeit, Disziplin, Treue, Opferbereitschaft, Sich-

selbst-Zurückstellen und vieles andere. Manchmal, wenn ich ein bißchen Freude schöpfen will, drehe ich den Kassettenrekorder auf – dann bin ich ein paar Minuten glücklich und empfinde ein einigermaßen seelisches Gleichgewicht. Doch bald ist alles wieder genauso wie vorher.

Es heißt zwar, solche Luftschlösser seien gefährlich, weil man dann Illusion und Wirklichkeit nicht mehr trennen kann, aber ich fürchte, daß ich die Wirklichkeit ohne Illusion gar nicht ertragen könnte. Ich habe Angst vor der Wirklichkeit. Wirklichkeit ist bei mir: nicht gemachte Hausübungen, schimpfende Lehrer, fast tägliche Predigten meiner Mutter. Ich habe Angst, in jeder Beziehung ein Versager zu sein und durch mein Versagen Freunde zu verlieren. Muß ich doch annehmen, daß menschliches Versagen nur mehr durch Gott gutzumachen ist? Ich ahne, daß ich mich nur mit Gottes Hilfe wieder mit mir selbst versöhnen kann.

Aber mit der Kirche kann ich mich nicht recht befreunden. Wenn ich „Kirche" denke, verbinde ich damit „Keuschheit", die ich als Unmenschlichkeit empfinde, die sogar Selbstbefriedigung ablehnt. Allerdings, ob ich das Wort Unmenschlichkeit vom Menschen ableite, wie ihn Gott geschaffen und gewollt hat – ich weiß es nicht. Was macht den „wahren" Menschen eigentlich aus? Ich spüre deutlich, daß ich noch einen weiten Weg habe, um zu Gott zu gelangen. Aber ich will versuchen, ihn zu gehen. Je mehr ich nachdenke, umsomehr verlangt es mich, die „Wahrheit" zu wissen (die zu begreifen ich vermutlich nie imstande sein werde).

An der Kirche haftet noch viel zu viel, was den Menschen als negativ erscheint. Die Kirche bietet Entsagung, Opfer, Selbstzucht usw. an, doch kann sie den Menschen nicht plausibel genug erklären, daß diese Dinge für den Menschen eigentlich Quellen der Freude, des Glücks sind. Trotz meiner Skepsis bin ich nach wie vor überzeugt, daß die Ideen der Kirche gut sind, daß ich nur durch sie zu Gott finden kann. Aber wie finde ich diese Werte, wenn sie verschüttet liegen unter Vorurteilen, schlechter Erklärung, schlechtem Beispiel, eigener Bequemlichkeit und Selbstherrlichkeit? –

Lieber Pater Rahner, ich erwarte selbstverständlich nicht Antwort auf alle diese Fragen. Ich hoffe nur (und wünschte es mir sehr!), daß Sie aus Ihrer großen priesterlichen Erfahrung ein bißchen Licht in meine totale Finsternis bringen könnten.

Ich danke Ihnen für Ihre Mühe

Christine

Liebe Christine!

Ich schreibe Dir mit schlechtem Gewissen, denn ich habe diesen Brief zu lange liegen gelassen. Inzwischen ist ja sehr viel in Deinem Leben anders geworden. Du hast ein Kind. Dieses Kind ist Dein Kind. Du hast damit eine Geschichte in Gang gebracht und bist für sie verantwortlich (mitverantwortlich). Es ist eine Geschichte, die nie mehr enden wird, sondern ewige Endgültigkeit vor Gott findet.

Ein Leben, wie Du es nun hast, verändert vieles. Darum kann ich eigentlich zu Deinem Brief nicht viel sagen. Lies ihn selbst noch einmal und frage Dich, ob die Sätze dieses Briefes, wenn man sie genau bedenkt, einander nicht widersprechen und dieser Widerspruch nur das

Echo von Widersprüchen ist, die Du in Deinem Leben aufarbeiten mußt. Wenn Du Dein Kind anschaust, schaut Dich zwar auch Deine unbeschreibliche Lebensverantwortung an, aber doch eben eine Wirklichkeit, vor der Du im letzten keine Angst hast, sondern sie liebst und darum Dich zu dieser Deiner Verantwortung bekennst. An diesem Punkt Deines Lebens werden Dir Forderungen wie Selbstlosigkeit, Treue, Opferbereitschaft, Sich-selbst-Zurückstellen und viele andere verständlich und annehmbar. Hier merkst Du doch, daß nur da wirkliches Glück erreicht werden kann und nicht etwa, wenn Du den Kassettenrekorder aufdrehst und meinst, auf eine solche billige Weise könne ein seelisches Gleichgewicht erzielt werden.

Wenn Du jetzt an diesem Punkt Deines Lebens tapfer bist, Angst Angst sein läßt und Tag für Tag durchhältst, nüchtern die Pflicht des Alltags trägst, dann brauchst Du keine Angst zu haben, ein Versager zu werden und wirkliche Freunde zu verlieren, die es wert sind, Deine Freunde zu sein. Dann darfst Du auch getrost damit rechnen, daß menschliches Versagen eben doch von Gott aufgefangen wird; von dem Gott, von dem man letztlich vielleicht nur etwas weiß, wenn man sich sein Versagen vergeben läßt und nicht, sich in sich selbst verschließend, meint, das eigene Versagen sei das letzte Wort des eigenen Lebens und der Wirklichkeit überhaupt.

Über Dein Verhältnis zur Kirche möchte ich jetzt noch nicht schreiben. Gib der Kirche die Chance, langsam in Deinem Leben und durch die selbstkritischen Erfahrungen, die Du mit Dir selber machst, allmählich doch verständlicher zu werden. Du sagst ja selber, daß Du trotz Deiner Skepsis davon überzeugt bist, daß die

Ideen der Kirche gut sind, „daß ich nur durch sie zu Gott finden kann". Du merkst ja schon, daß manches, was Dir an der Kirche mißfällt, vielleicht auch aus „Vorurteilen, schlechter Erklärung, schlechtem Beispiel, eigener Bequemlichkeit und Selbstherrlichkeit" entspringt. Letztlich kommt es nicht eigentlich auf „Ideen der Kirche" an, die sie predigt, sondern auf die Erfahrung, die man machen kann, wenn man guten Willens ist. Wir alle sind ja Kirche in liebender Gemeinschaft, Kirche, die über alle Enttäuschungen an uns selber Vertrauen gibt auf einen letzten seligen Ausgang unseres Lebens, der uns nicht durch großartige Ideen, sondern durch das Leben Jesu, des Gekreuzigten und Auferstandenen, endgültig zugesagt ist.

Ich meine, daß Du garnicht in einer „totalen Finsternis" lebst, sondern Dich ruhig, mutig und vertrauensvoll zu dem „bißchen Licht" bekennen kannst, das in Deinem Leben – Gott sei Dank, schon ohne mich – leuchtet, vielleicht gerade aus dem Gesicht Deines Kindes.

Herzlichst

Dein Karl Rahner

Immer wieder Abschied nehmen

Lieber Pater Rahner!

Ich bin der Zimmermann, der sich bei unserer Begegnung für einige Augenblicke vor Sie hinstellte. Ich frage Sie nicht, um einem Herrn Professor halt eine Frage zu stellen, sondern um von ihm eine praktische Antwort zu bekommen. Ich frage Sie deshalb, weil ich als Baum mir von Ihnen als tiefgründigem Boden ein besseres Gedeihen erhoffe.

Abschied, was ist das? *Mir sind in letzter Zeit so viele Momente und Varianten des Abschieds bewußt geworden, daß ich gar nicht mehr unterscheiden kann, ob Trennung oder Abschied, Wiedersehen oder Abschied, Enttäuschung oder Abschied, Anfang oder Abschied, Tod oder Abschied.*

Ist es ein Abschied, wenn ein Freund von mir hoffnungslos der Gewalt der Drogen übergeben ist?

Ist es ein Abschied, wenn zwei Arbeitskollegen und Freunde von mir plötzlich sterben?

Ist es ein Abschied, wenn ich in ein Mädchen zwei Jahre lang Liebe, Leid, Bilder, Briefe und Geduld investiert habe und plötzlich kein Bedürfnis mehr nach diesem Mädchen spüre?

Ist es ein Abschied, wenn ich sterbe? Werden außer meinen Werten auch die Schwächen weiterleben?

Wovon hängt es ab, daß sich der Abschied in Hoffnung oder in Aufgeben entwickelt?

Wenn man sich an einen Menschen gewöhnt hat, ist da der Abschied dasselbe wie der Verzicht auf weitere Zigaretten?

Wenn man einen Menschen liebt – kann man sich von diesem Menschen verabschieden wie Abraham es bei seinem einzigen Sohn tat?

Eines ist jedoch sicher: Ich spüre jeglichen Abschied sehr intensiv. Dennoch weiß ich nie, was ich daraus lernen soll, welche Konsequenzen ich daraus ziehen soll.

Den Abschied kann ich sehen,
ihn spüren, wenn ich weine –
er kann in jede Richtung gehen.
Zeigen Sie mir eine!

Danke

Ihr Klemens

Lieber Klemens!

Wir kennen uns ja: Du bist der Zimmermann, und ich hoffe, daß Du bald die Gesellenprüfung machst. Ich bin zwar nicht der tiefgründige Boden, auf dem der Baum Deines Lebens ein besseres Gedeihen finden kann, aber ich will doch versuchen, ein paar Sätze zu Deiner Frage zu schreiben. Du fragst, was ein Abschied sei.

Nun gibt es, wie Du selber gemerkt hast, sehr verschiedene Abschiede, und man kann sie gedanklich nicht leicht unter einen Hut bringen. Zu einem Abschied im eigentlichen Sinne gehört gewiß, daß man ein inneres Verhältnis zu dem gehabt hat, wovon man Abschied nimmt oder nehmen muß. Völlig gleichgültige Menschen oder einem völlig gleichgültige Wirklichkeiten gehen von einem weg, ohne daß man dabei von einem eigentlichen Abschied reden kann. Aber bei Menschen oder Dingen, die eine wirkliche Bedeutung für einen gehabt haben, bei denen kann man wirklich von einem Abschied reden. Der, von dem man sich verabschieden kann, kann man auch selber sein. Denn mindestens im Tode nimmt ja jeder in einem gewissen Sinne von sich selber, von seiner freien Verfügung und von seinem Leben als einer erfüllten oder eben nicht erfüllten Aufgabe Abschied und muß sich ganz und gar Gott überlassen. Aber das ist gewiß ein Abschied, den man nicht leicht mit anderen vergleichen kann.

Ich meine, man müsse bei Abschieden wesentlich unterscheiden, ob man mit Schuld oder ohne Schuld jemanden anderen oder eine andere Wirklichkeit gehen läßt. Wer die Treue bricht, wer einen anderen gehen läßt, dem er seine Aufmerksamkeit, seine Liebe wirklich schuldet, der nimmt sicher einen bösen Abschied. Wer eine echte Erfahrung seines Lebens, zu der er stehen sollte, verdrängt, gewissermaßen verschleudert, sie nicht in dem zu ihm selbst gehörenden Lebensgedächtnis bewahrt, der nimmt auch einen schuldhaften Abschied. Die Frage ist natürlich dann, ob sich das ohne weiteres wieder gutmachen läßt, ob man zu dem Menschen oder der Erfahrung zurückkehren kann, die man schuldig aufgegeben hatte. Das wird in den einzelnen Fällen verschieden sein. Eine letzte Vergebung auch einer solchen Schuld, wenn man nicht mehr zu dem verabschiedeten Menschen oder der verlorenen Erfahrung zurückkehren kann, ist gewiß immer noch durch Gottes Gnade möglich. Aber diese Wiedererlangung eines solchen Verlustes, in der gewissermaßen von Gott her in einer unbegreiflichen Weise einem das Verlorene zurückkommt, ist auf jeden Fall etwas, was nur durch wirkliche Bitte um Vergebung, durch echte Reue, durch ein wirkliches Aushalten des Schmerzes über den Verlust erlangt werden kann. Hier ist Leichtsinn, Gedankenträgheit und billiges Verdrängen gewiß nicht am Platze.

Es gibt aber umgekehrt auch Abschiede, die mit einer Schuld nichts zu tun haben, sondern sogar Aufgabe und Pflicht des Lebens sind. Die Heilige Schrift kennt die Tatsache und billigt sie, daß ein Kind Vater und Mutter verlassen soll. Auch ein solcher Abschied wird vielleicht mit Schmerz verbunden sein, wird vielleicht die Erfahrung der Einsamkeit und Unsicherheit einem auferlegen. Aber es ist ein Abschied, der sein soll, weil der Mensch selbständig werden, sein Leben in seiner eigenen Verantwortung aufnehmen muß.

Solche und ähnliche Abschiede gibt es viele. Der heilige Paulus spricht davon, daß er das abgetan habe, was nur eines Kindes ist. Wir werden immer wieder Abschied nehmen müssen und sollen von manchem, was uns lieb geworden war und was scheinbar unverlierbar zu unserem Leben gehörte. Wir nehmen Abschied eigentlich jede Nacht von dem Tag, der uns davor geschenkt war. Wir müssen lernen, auf dieses und jenes zu verzichten, was uns eine Freude oder eine Befriedigung bedeutete, weil wir erkennen, daß wir um des höheren, reicheren, erfüllteren Lebens willen darauf verzichten müssen. So gibt es Abschiede von Menschen, die einem eigentlich nahestehen. Der Missionar, der in die Fremde zieht, muß viele zurücklassen, die ihm lieb waren.

Wer heiratet, tritt eben doch in etwa aus dem Kreis seiner bisherigen Freunde heraus und muß sein Leben anders wie vorher auf seinen Ehepartner konzentrieren. Wer wirklich einen Beruf ergreift und darin etwas leisten will, muß Abschied nehmen von manchem Vergnügen und manchem Betrieb, dem er sich vorher in jüngeren Jahren mit Vergnügen gewidmet hat. Man könnte fast sagen, daß man nur leben und reifen und ein wirkliches Leben, das zu leben wert ist, führen kann, wenn man gelernt hat, Abschied zu nehmen.

In welche Richtung gehend man Abschiede nehmen muß, das ist von Fall zu Fall verschieden, das kann ich Dir jetzt nicht in einem kurzen Rezept für alle Fälle sagen. Du sagst am Schluß, daß Du oft weinst, wenn ein Abschied unvermeidlich wird. Man könnte beinahe sagen: Lerne zu weinen und doch zu gehen! Lerne Abschied nehmen, ohne zurückzublicken.

Du kennst ja aus der Bibel die Erzählung vom Weibe des Lot, das in eine Salzsäule verwandelt wurde, als sie bei der Flucht aus ihrer Heimat zurückschaute, als ob dort nur das Glück und das Leben zu finden sei. Lerne, nicht umzukehren, sondern vorauszublicken in der getrosten Überzeugung, daß auch nach einem Abschied – der Schicksal oder Pflicht ist – immer noch das eigentliche, ganze und selige Ziel vor Dir liegt.

Ich wünsche Dir, daß Du bald mit Glanz Deine Gesellenprüfung bestehst. Damit ist dann auch ein Abschied gegeben, weil neue, bisher nicht erlebte Pflichten auf Dich zukommen. Blick nicht zurück, geh voran!

Ich wünsche Dir alles Gute

Dein Karl Rahner

An Gott denke ich fast nie

Lieber Pater Rahner!

An sich komme ich aus geordneten Verhältnissen, ich fühle mich sehr wohl und habe Freude am Leben. Auf den ersten Blick ist bei mir also alles in Ordnung. Aber dennoch stehe ich oft vor Fragen und Problemen, die mich unsicher machen. Meistens kommt die Lösung dieser Probleme mit der Zeit, und das gibt mir dann eine Befriedigung. Eine Frage aber hat sich mir in den letzten Jahren immer wieder gestellt, auf die ich keine sichere Antwort geben kann:

Auf der einen Seite glaube ich an Gott und bin von der Idee eines ewigen Lebens nach dem Tod eingenommen, andererseits bin ich im Leben sehr bequem. Ich genieße gern und möchte später einmal Karriere machen und Geld verdienen. Wenn es um solche Dinge geht, bin ich sehr ehrgeizig und habe genügend Entschlußkraft. Ich bin sehr aktiv, habe aber manchmal den Eindruck, daß ich wild darauf los lebe, ohne meinem Leben eine größere Richtlinie oder einen tieferen Sinn zu geben. Es fehlt mir manchmal sogar die Kraft, in die Kirche zu gehen oder ein kurzes Gebet zu verrichten. In dieser Beziehung bin ich dann sehr sparsam. Wenn ich überlege, wieviel Zeit ich dafür verwende, um an Gott zu denken, so komme ich darauf, daß das eigentlich fast gar nichts ist.

Darum möchte ich Sie fragen, ob es genügt, nur an Gott zu glauben und ein, alles in allem, anständiges Leben zu führen, in dem allerdings Gott fast nie an erster Stelle steht? Oder muß man auch im Sinne Gottes – mit der Kirche – aktiv werden, um nicht nach dem Tod, wenn man vor Gott tritt, eine ‚böse Überraschung' erleben zu müssen?

Über diese Frage habe ich auch schon oft mit gleichaltrigen Freunden gesprochen, aber niemand wußte, wo hier genau eine Linie zwischen gutem und schlechtem, vergeudetem und gewonnenem Leben, sprich ‚zwischen Himmel und Hölle', zu ziehen sei.

Ich hoffe, daß ich mich verständlich machen konnte und bitte Sie, mir zu helfen!

Herzlichen Dank im voraus

Gernot

Lieber Gernot!

In Deinem Brief schilderst Du Deine Situation sehr verständlich, und eigentlich meine ich, daß es die Situation jedes Menschen zwischen Himmel und Erde, zwischen Gott und der Welt ist. Wir haben zwar ein Gebot, Gott aus ganzem Herzen und also ungeteilt zu lieben, und Du spürst auch die Dringlichkeit und Schwierigkeit dieses Gebotes. Aber wir sind Menschen zwischen Welt und Gott. Was die Ungeteiltheit einer radikalen Liebe zu Gott angeht, sind wir nicht nur erst auf dem Weg, sondern wir dürfen auch dies wissen und in unserer Lebensführung einkalkulieren.

Um zunächst am anderen Ende unseres Problems weiterzufahren, möchte ich sagen: Du darfst ruhig ehrgeizig sein, Karriere machen wollen, Geld verdienen. Ein solcher Wille braucht in Deiner Lebensphase und Deiner konkreten Situation nicht schon positiv inspiriert zu sein von der Liebe zu Gott. Das verlangt Gott gar nicht von Dir, wenigstens jetzt noch nicht. Weltliche Motivationen, die das Leben bestimmen, sind nicht deshalb schlecht, weil sie nicht greifbar und erfahrbar aus der letzten Mitte des Herzens kommen, noch nicht von Gott her, wo Gott sich uns mitteilt und geliebt werden will.

Aber auch in dieser Situation des Werdens, des Anfangs kann man trotzdem nicht bloß abstrakt an Gott glauben, sondern ihn auch zu lieben versuchen, kann man beten, kann man über seine eigenen legitimen, ehrgeizigen Pläne und Anstrengungen hinaus auch noch in einer „Gemeinde" der verschiedensten Art (der Familie, der Kirche, einer Jugendgruppe usw.) leben und arbeiten, Verantwortung auf sich nehmen, selbstlos für andere da sein. Das ganze Große eines solchen Lebens ist natürlich dann ein etwas Undefinierbares, ein unsystematisches Gemenge von Himmlischem und Irdischem, das nicht so recht überschaubar und definierbar ist, das immer etwas improvisiert bleibt. Aber gerade dieses in Zuversicht, in Vertrauen auf Gott, in Geduld anzunehmen, ist noch einmal eben Deine Aufgabe.

Du fragst, und letztlich meine ich, daß die Antwort nur die Ermunterung sein kann, Deine Frage in Geduld und Zuversicht auszuhalten. Ich kann Dir nicht empfehlen, jetzt schon ein nur noch himmlischer Mensch von brennender Gottesliebe ohne alle anderen Motivationen zu sein, und ich kann Dir selbstverständlich erst recht nicht sagen: „Gehe, im Irdischen versunken, nur in Deinem Tatendrang und in Deinem Ehrgeiz unter." Du wirst nicht vermeiden können, ein Mensch dieser Erde und ein Kind Gottes zugleich zu sein. Du darfst und sollst ruhig beides sein und darauf vertrauen, daß die Rechnung Deines Lebens aufgeht, auch wenn Du sie nicht genau nachrechnen kannst, nicht feststellen kannst, ob in dieser Rechnung alles genau stimmt.

Herzlich

Dein Karl Rahner

Ins Leben gerufen, um doch dem Tod zu verfallen

Sehr gehrter Pater Rahner!

Ich bin sehr froh darüber, daß ich Ihnen schreiben darf, weil ich ein Problem habe, das nur ein Fachmann wie Sie lösen kann.

Ich glaube nicht an Gott. Das ist nicht nur eine Phrase, die so viele Jugendliche im Mund führen. Ich habe mir darüber Gedanken gemacht und glaube, daß es besser wäre, nicht an Gott zu glauben, denn sonst müßte man doch annehmen, daß er ein Sadist und Menschenhasser ist. Zu diesem Schluß bin ich gekommen, als ich mir überlegt und dabei festgestellt habe, daß es sehr viel Elend, Betrug, Mord und ähnliches auf unserer Welt gibt. Wäre Gott unser gütiger Vater, würde er das wohl nicht zulassen. Denn kein Vater, und sei er der schlechteste, stürzt seine Kinder ins Elend. Trotzdem würde ich solch einen irdischen Vater besser verstehen, wenn er das täte, als Gott. Denn die Kirche lehrt uns doch, daß Gott allmächtig ist. Ein irdischer Vater ist das jedoch nicht. Gott hat also die absolute Macht, er hat uns nach römisch-katholischem Glauben und auch nach dem Glauben anderer Religionen geschaffen und ist uns also gut gesinnt. Und wenn er alles weiß, dann muß er bei unserer Schöpfung auch gewußt haben, wie wir uns entwickeln werden.

In der Bibel findet sich eine Stelle, an der der Untergang von Sodom und Gomorra beschrieben wird. Diese Leute, die dort wohnten, haben auch gegen Gott gesündigt und wurden mit dem Tod bestraft. Bereitet Gott also auch unser aller Vernichtung vor? Hat er uns dazu geschaffen, um uns zu vernichten? Ich sehe darin leider keine Logik, auf jeden Fall keine Güte.

Vielleicht sind wir Gottes Macht auch entkommen, denn wieviele Mörder, die ja gegen eines der wichtigsten Gebote Gottes verstoßen haben, laufen ungestraft herum! Kann er kein Urteil mehr fällen, hat er keine Macht mehr über uns? Geht es ihm wie Frankenstein, dem seine eigene Schöpfung über den Kopf gewachsen ist?

Sie sehen also, daß sich meine Ansichten mit denen der Kirche nicht decken. Ich würde mich daher sehr freuen, von Ihnen eine Antwort auf meine Fragen zu bekommen.

Im voraus herzlichen Dank

Axel

Lieber Axel!

Zunächst wundere ich mich, daß Du doch offenbar in der katholischen Jugendgruppe mitmachst, obwohl Du Dich als einen dezidierten Atheisten erklärst. Vielleicht ist bei Dir unter Deinen rational sein wollenden Überlegungen doch noch etwas anderes gegeben. Mindestens die Frage, ob es doch so etwas wie Gott gibt.

Nun wirst Du einsehen, daß ich in einem kurzen Brief nicht auf ein paar Seiten die ganze Frage beantworten und bewältigen kann, die Du aufwirfst.

Immerhin möchte ich sagen, daß mir auch vorkommt, daß die Frage nach dem Leid der Welt, nach all dem fürchterlichen Unglück, das es – von der Natur und von den Menschen hervorgerufen – in der Welt gibt, also der Atheismus von der Leidfrage her der einzige Atheismus ist, der auch mir ernsthaft zu denken gibt. Wenn einer einmal gesagt hat, nach Auschwitz könne man nicht mehr an Gott glauben, dann halte ich diesen Satz zwar für nicht richtig, aber dennoch für einen ernsthaften Satz, der geboren ist aus der Verzweiflung über all das Ungeheuerliche, das in der Welt geschieht.

Doch dann frage ich mich zunächst: Wird denn all dieses Leid erträglicher, besser, leichter zu bewältigen, wenn man Atheist ist? Oder ist eine solche Position dann die Anerkennung einer Endgültigkeit all dieses Entsetzlichen in der Welt? Kann man eine solche Anerkennung endgültiger Sinnlosigkeit verantworten? Muß man nicht gerade, wenn man sich solidarisch fühlt mit den Vergasten, mit den von Napalbomben verbrannten Kindern, mit den in Konzentrationslagern Eingesperrten usw. – muß man nicht gerade dann – wenn auch in einer letzten Anstrengung des Geistes und des Herzens – fordern, daß es jene Unendlichkeit von Kraft, von Macht, von Liebe gibt, in der sich all das noch einmal doch sinnvoll und selig auflösen läßt?

Es ist natürlich nicht so, daß wir uns positiv einen Gottesbegriff machen könnten, von dem aus sich all das, was uns im Tiefsten erschreckt und zur Verzweiflung zu bringen sucht, als harmlose Täuschung auflösen läßt. So ist es natürlich nicht. Aber immerhin möchte ich Dir, der Du Dich auf Logik und nüchterne Überlegung berufst, die Frage stellen, ob Du nicht eben doch einen zu kurzschlüssigen, einen zu primitiven Gottesbegriff hast, von dem aus natürlich dann das Leid dieser Welt einen absoluten Widerspruch bildet?

Wenn Gott so viel größer ist, als das eben doch im allerletzten endliche Leid, dann ist es zwar immer noch unbegreiflich, wie dieses Leid koexistent sein kann mit Gott, aber es ist jedenfalls kein Widerspruch, daß ein unendlich gütiger Gott dieses Leid der Welt zulassen könne, weil er gerade in seiner – wenn auch für uns unbegreiflichen – Lebens-, Sinn- und Seinsfülle wirklich dieses Leid der Welt sinnvoll machen und auflösen kann.

Es ist doch eigentlich so, daß der Atheist, für den dieses Leid eine absolut unlösbare Endgültigkeit hat, dieses Leid gerade als letztlich belanglos, als endlich, als eine Unvermeidlichkeit einer sich entwickelnden und sich immer wieder aufs Neue in ihren Gestalten auflösenden Natur erklären muß. Der Atheist hat das geringste Recht, dieses Leid der Welt besonders wichtig zu nehmen. Ein Mensch, der glaubt, daß Gott existiert als ein heiliger, gerechter, liebender, unendlich mächtiger Gott, für den ist eigentlich das Leid erst ein wahres Problem. Er löst es dann nicht, aber er kann wirklich einsehen, daß gerade er von seiner Position her viel radikaler dieses Leid als Frage ernst nehmen kann als ein Atheist, der im Grunde genommen von vornherein sich mit der Absurdität dieser Welt, dieser Naturentwicklung, dieses Aufgehens und Abstürzens zufriedengeben muß.

Du darfst Dir keinen Gott denken, der gegenüber diesem Leid machtlos wäre. Wenn Du das tätest, hättest Du gerade einen falschen Gottesbegriff. Du brauchst nicht zu behaupten, Du verstündest, wie Gott und das Leid koexistent sein könnten und sich gegenseitig keine Frage stellen würden. Aber Du sollst nicht behaupten, daß der

Gott, der wirklich Gott ist, und so über alle Deine menschlichen Begriffe von ihm und über alle Deine Forderungen an ihn unendlich erhaben ist, nicht mit diesem Leid fertig werden könnte.

Die Marxisten haben schon oft den christlichen Glauben verspottet, als ein Analgetikum derer, die durch Leid der Welt auf dieser Erde zu kurz kommen. Aber ich frage Dich, hast Du für diese Armen, Zu-kurz-Gekommenen, Hungernden und Sterbenden, so letztlich auch für Dich eine bessere Antwort? Du kannst spöttisch sagen, die Christen würden sich mit einem künftigen Himmel trösten, weil es auf dieser Welt nicht auszuhalten sei. Doch ich vermute, daß Du das nur sagen wirst, solange es Dir im Grunde doch noch ganz erträglich gut geht. Ich glaube, daß die Gottesfrage vom Leid her in der Weise, wie Du es tust, doch nur gestellt wird von denen, die sich den Luxus leisten können, aus dem Leid ein intellektuelles Problem zu machen. Die wirklich bis zum Letzten Leidenden, die müßten doch entweder radikal verzweifeln oder immer noch behaupten, es sei mit ihrem Leid gar nicht so schlimm, der Tod sei das Normalste, was überhaupt denkbar ist. Oder sie werden an Gott glauben, an die Unbegreiflichkeit, in der allein sich ihre wirkliche bittere Frage bis zum Ende noch einmal auflösen läßt; allerdings letztlich auch nur durch die bedingungslose Liebe zu diesem unbegreiflichen Gott.

Du interpretierst Deine Leiderfahrungen als Argumente gegen Gott. Hast Du auch schon einmal versucht, Deine Erfahrungen von Glück, von Sinn, von Freude, von Geborgenheit ebenso zu einem Argument zu machen, von dem aus Dir die Ahnung des ewigen Gottes von Licht und Seligkeit aufgehen kann? Oder empfindest Du das Leid als einen Reiz zu einem absoluten Protest und das Gute dieser Welt als eine banale Selbstverständlichkeit? Bist Du so eigentlich im Blick auf die Ambivalenz Deiner Erfahrungen gerecht und sachlich? Denk weiter nach, verabsolutiere die Bitterkeiten Deines eigenen Lebens nicht. Ein wenig Licht ist ungeheuer mehr als eine Finsternis, die unendlich zu sein scheint.

Ich habe nicht den Eindruck, daß meine notwendig kurz ausfallende Antwort besonders großartig und umwerfend ist. Aber vielleicht fordert sie Dich doch auf, vorsichtig zu sein und Deine eigene Argumentation nicht als zu selbstverständlich durchschlagend zu betrachten.

Mit herzlichen Grüßen an Dich, der ruhig bei der Jugendgruppe bleiben soll,

Dein Karl Rahner

Wenn Nächstenliebe nicht auffällt, sondern unscheinbar wird

Lieber Pater Rahner!

Ich möchte Ihnen von einem Zwiespalt in meinem eigentlich sehr glücklichen Leben schreiben und würde mich freuen, ein paar Ratschläge von Ihnen zu bekommen. Wir Christen haben doch ein sehr schönes Motto für unser Leben: „Liebe deinen Nächsten wie dich selbst", und wir – auch ich – setzen viele Aktivitäten in unserem Leben, z. B. arbeite ich manchmal in einem Krankenhaus mit behinderten Kindern, oder ich schreibe Geburtstagsbriefe an alte Leute, zum Teil Verwandte. Ich versuche einigermaßen nett und freundlich zu meinen Mitmenschen zu sein. Manchmal allerdings sagt meine Mutter zu mir: „Du redest sehr viel von Nächstenliebe, kritisierst aber mich, wenn ich mit meiner Umwelt hadere. Konkret machst du eigentlich nichts, Verantwortung trägst du (natürlich) auch noch nicht und innerhalb der Familie vergißt du oft deine schönen Worte." Wenn ich darüber nachdenke, hat sie eigentlich recht, denn einerseits rede ich wirklich viel, wie man das Leben nach Jesu Vorstellung leben könnte, andererseits bin ich sehr bequem, wenn es darum geht, mich etwa um meine Tante oder irgendwelche unangenehme Aufgaben zu kümmern.

Ich glaube, das Problem liegt darin, daß ich Nächstenliebe immer mit einer großartigen Tat verbinde, bei der ich selbst möglichst im Mittelpunkt stehe, und diese Tat müßte dann über den Alltag herausragen. Umgekehrt könnte aber auch das normale nette Familienleben Nächstenliebe bedeuten. Oder, wenn ich – wie z. B. jetzt gerade – mit einem Freund Schluß gemacht habe, dann will ich einfach nichts mehr mit ihm zu tun haben, ich reagiere herablassend und gehässig, bin zynisch und wahrscheinlich sehr lächerlich. Aber ich komme mir irgendwie überlegen vor, wenn ich ihn meine Abneigung spüren lasse. Aber was soll ich denn machen? Ich weiß, daß Nächstenliebe wäre, trotzdem völlig normal zu sein. Trotzdem kann ich es einfach nicht.

Vielleicht zeigt dieser Punkt deutlich, wie schwer es für mich eigentlich ist, wirklich christlich zu sein und daß es mir meist leicht fällt, nach außen hin gut zu sein, aber im kleinen, privaten Kreis besitze ich dann kaum Mut und Kraft für einen Schritt der Annäherung, der Verzeihung. Ich wäre gerne ein ehrlicher Christ, aber ich komme nicht weiter.

Lieber Pater Rahner, könnten Sie mir helfen, aus dem Zwiespalt herauszukommen.

Mit vielen lieben Grüßen

Renate

Liebe Renate!

Deine Mutter hat im Grunde ganz recht, auch wenn dieser ihr Vorwurf eigentlich allen Menschen und vermutlich auch ihr selbst entgegengehalten werden könnte. Wir alle reden viel von Nächstenliebe (mindestens dann, wenn wir sie nicht leisten wollen, sondern von anderen erwarten). Diese Reden bleiben oft nur schöne Worte, ohne daß wir im konkreten Leben, in der Familie, unserer Umwelt und bei den Aufgaben des Alltags sie wirklich erfüllen. Es kann doch ganz sinnvoll sein, wenn Du mit einer Freundschaft, aus der nichts werden kann, Schluß machst. Das muß nicht notwendig eine Verletzung der Nächstenliebe sein. Herablassend, gehässig und zynisch solltest Du natürlich bei einer Entscheidung gegen Deinen bisherigen Freund nicht sein. Das wäre wirklich gegen die Nächstenliebe, die Du ihm auch jetzt noch schuldest.

Du sagst, Du kämst mit Deiner Nächstenliebe nicht recht weiter, obwohl Du ein ehrlicher Christ sein willst. Wir alle sind nun einmal immer in dieser Situation, daß wir hinter der Forderung der Liebe zum Nächsten zurückbleiben. Dieser Zwiespalt ist da. Es ist schwer, aus ihm herauszukommen. Ein einfaches Rezept für eine solche triumphale Nächstenliebe habe ich auch nicht. Nicht für mich und nicht für Dich. Wir können nur in Geduld immer wieder die Aufgaben annehmen und Tag für Tag zu bewältigen suchen, die uns unsere Mitmenschen stellen. Mit ihren Sorgen, mit ihren Ansprüchen und auch mit dem, womit sie uns auf die Nerven gehen. Du kannst nicht *die* Nächstenliebe tun, sondern nur hier und jetzt im Alltag den Nächsten annehmen, ihm wohlwollen, ihm helfen und ihn ertragen, der Dir gerade jetzt begegnet. Tust Du das, dann ist Dein ganzes Leben das eigentliche Herauskommen aus dem Zwiespalt, an dem Du leidest.

Herzlich

Dein Karl Rahner

Kann man auch als Erwachsener noch irgendwo Kind bleiben?

Lieber Pater Rahner!

Ich bin vielleicht ein Mensch, der in Bezug auf die Reaktionen der Umwelt besonders sensibel ist, auch wenn ich sie manchmal gar nicht spüren will. Aber es gibt Zeiten, in denen mir das Leid eines einzelnen, das Leid aller Menschen ganz besonders bewußt wird; da ich unendlich traurig werden kann, wenn ich bedenke, wieviele Momente der Enttäuschung es in einem Leben gibt, wieviele unerfüllte Sehnsüchte, wieviel unnötige Kränkung. Dabei fallen mir große und kleine Ereignisse ein, die – absolut betrachtet – ganz unterschiedlich schwer wiegen und weiterwirken, im Augenblick aber die gleiche Betrübnis, die gleichen Tränen, den gleichen Schmerz hervorrufen.

Meistens denke ich natürlich in Situationen daran, in denen ich selbst extremen Gefühlsschwankungen unterliege, also wenn ich sehr fröhlich oder sehr traurig bin. Aber ich merke, daß ich selbst durch die vielen „Nadelstiche", die kleinen und größeren Härten in meinem scheinbar so sonnigen und fröhlichen Leben nicht gestärkt, nicht besser vorbereitet wurde auf das „Erwachsenenalter". Im Gegenteil – ich habe das Gefühl, daß immer wieder ein Stück von mir verlorengeht, zerbricht, schmerzlich getrennt wird von mir, dem Kind, das ich in voller Ehrlichkeit vor Gott und dem Leben sein will.

Ich stelle die philosophische Frage, ob diese Art von Vorbereitung auf das Leben für den Menschen an sich notwendig und sinnvoll ist, ob er nicht in Zeiten der Not die Stärke, deren er bedarf, von Gott geschenkt bekommt, aber sich nicht Menschen zuvor bemühen müssen, ihm diese beizubringen? Ich stelle die theologische Frage, ob nicht der Mensch aus tiefster Überzeugung darauf vertrauen darf, daß Gott ein liebender Vater ist und hilft. Ich muß ganz persönlich und ohne Überheblichkeit und Übertreibung sagen, daß ich immer wieder erfahren habe, wie Gott als Vater mich beschützt; gerade wenn ich gar nicht mehr weiter weiß, mit den Gefühlen durcheinander komme oder einer großen Belastung ausgesetzt bin, dann hilft mir Gott, indem er mir einen Weg, einen Lichtblick zeigt, ich muß nur den Mut aufbringen, mich darauf einzulassen.

Oft hält man mir es als Schwäche vor, daß ich zu gutgläubig, zu sentimental, zu gefühlvoll und mitleidig bin. Aber nach all den Erfahrungen, die mir geschenkt wurden, glaube ich einfach daran, daß ich im Leben das Gute suchen und tun darf und soll, daß ich nicht möglichst realistisch und „erwachsen" sein muß, sondern ein Kind bleiben kann. Daß ich auch als Laie trotz allen Scheiterns und mangelnder oder vergeblicher Mühe vom Göttlichen reden darf und das Christentum bekennen darf als wichtigstes Ziel im Leben.

Ich möchte das alles gerne glauben, aber ich fühle mich allein gelassen und im Zweifel, besonders wenn ich selbst an anderen Menschen sehe, wie sie still und leise groß und überlegen werden, wo ich doch gemeint habe, daß unsere Ideale vom Kindsein dieselben gewesen wären. Ich fühle mich dann sehr verunsichert und scheinbar so überlegenen Zweiflern ausgeliefert.

Wahrscheinlich leben viele in dieser Einsamkeit der Entscheidung, sind viele entmutigt durch das kleine Leid im scheinbar so sonnigen Alltag, haben viele das helle Lachen des Kindes verlernt. Aber gibt es da nicht einen Trost, eine Hoffnung, auch mit Werten, die in dieser Welt genauso gültig sind wie die vielen anderen Werte, die uns seit unserer Kindheit als richtig und erstrebenswert anerzogen werden?

Sehr verehrter Pater Rahner, ich wäre Ihnen wirklich dankbar, wenn Sie mir in meiner (kindlichen) Unsicherheit auf diesem Gebiet einen Weg zeigen, der mich weiterführt und mir Sicherheit gibt in meinem Glauben. Und der mich vorallem aus meiner inneren Einsamkeit herausführt.

Ich danke Ihnen im voraus

Irene

Liebe Irene!

Wenn ich ehrlich sein wollte, könnte ich zu Deinem Brief zunächst sagen, daß er ein typischer Brief eines Menschen ist, der in einer Übergangsperiode von einer kindlichen Phase zum Erwachsensein steht. Der Brief ist gescheit, fast ein wenig bemüht gescheit. Er stellt eine philosophische Frage, die dort eher vom Herzen und den unmittelbaren Erfahrungen des konkreten Lebens herkommt. Zu diesem Aspekt Deines Briefes muß ich eigentlich gar nichts sagen.

Ich bewundere eher Dich (ehrlich gesagt) deswegen, weil Du Dich so selbstlos für andere und Ihre Schmerzen und Enttäuschungen interessieren kannst. Vielleicht ist das eine Veranlagung – die noch nicht notwendig eine christliche Tugend ist –, die aus selbstloser Freiheit geboren ist. Aber eine solche Anlage kann die Vorgabe dafür sein, wirklich ein Mensch zu werden, der selbstlos in Freiheit für andere da ist. Solche Vorgaben sind immer eine große Aufgabe, die uns Gott stellt. Bei dieser Tendenz, für andere dazusein, solltest Du Dich nicht verunsichern lassen durch Menschen Deiner Umgebung, die selbstsüchtiger an sich denken. Du solltest den Mut ruhig bewahren, nicht zu „realistisch" und „erwachsen" zu werden. Solches realistische Erwachsensein ist doch sehr oft nur Egoismus, der das wahre Leben eines Menschen verdorren läßt. Denn der wahre Mensch, so wie er wirklich sein soll, soll den Mut haben, sich zu den großen und glücklich machenden Erfahrungen seines Lebens zu bekennen und sie zu bewahren; zur Erfahrung, daß Gottes Vaterliebe beschützt, daß sich immer wieder neue Wege im Leben eröffnen, auf denen man weiterkommt, wenn man sich nur Mühe gibt, diese Wege zu sehen.

Laß Dich nicht verunsichern durch Leute, die sich auf ihren überlegenen Skeptizismus etwas einbilden. Solche Menschen erstarren nämlich auf die Dauer in Sterilität. Sie werden dann kleine, arme Spießer, wenn sie lange so weitermachen. Solche Leute wollen schlau sein und von vornherein Leid und Enttäuschungen vermeiden. Sie nennen alle großen und tiefen Gefühle Sentimentalität, über die sie sich erhaben fühlen. Aber sie werden auf die Dauer nur kleine kümmerliche Spießbürger. Laß Dich von ihnen nicht imponieren! Habe den Mut, etwas zu riskieren, und da und dort auch einmal von Dir selbst, von den anderen und von dem äußeren Leben enttäuscht zu werden. Das macht nichts. Es ist besser, es gehen einmal einem die Gefühle etwas durcheinander, als daß man keine mehr zu haben wagt.

Erwachsensein und echte Kindlichkeit sind keine Gegensätze, die sich ausschließen. Und wenn Du bisher in den verschiedensten Dimensionen Deines Lebens eigentlich ein glücklicher Mensch warst und bist, dann solltest Du Dich in dem dankbaren Bekenntnis zu dem, was Dir Gott so gegeben hat, nicht durch einen modernen Skeptizismus verunsichern lassen, von Menschen von heute, die behaupten, nur das Enttäuschende sei die Wahrheit.

Ich habe gehört, daß Du eine ausgezeichnete Mitarbeiterin in der Jugendgruppe bist und daß Du auch im Studium Erfolg hast. Wenn jemand ein solches Leben unbefangen mit Dank gegen Gott annimmt und dabei auch die Bereitschaft hat, den rechten Weg weiterzugehen, wenn er einmal durch schwere Zeiten hindurchführt, der darf die Heiterkeit und das Glücklichsein in seinem Leben kindlich unbefangen entgegennehmen und ist gerade so ein wirklich Erwachsener.

Mit allen guten Wünschen

Dein Karl Rahner